Lo que opina el reconocido autor de temas de negocio acerca de *El Plan de Negocios en una Página*®...

"El Plan de Negocios en una Página es perfecto. Punto.

Tiene mucho sentido para mí que me llamen *pensador de negocios*, pero la mayor prueba fue ponerlo en práctica en una empresa que estoy co-fundando e iniciando con otro socio. Pasamos varios días haciendo el boceto de nuestra página única, y la hemos estado corrigiendo desde entonces. Es un documento poderoso y lleno de vida, la propia naturaleza que nos ha guiado hacia nuevas visiones y reflexiones importantes.

El Plan de Negocios en una Página es como la proverbial ratonera mejorada."

—Tom Peters

autor de
In Search of Excellence,
Thriving on Chaos,
Liberation Management,
The Pursuit of Wow!
y *The Circle of Innovation*

AVISO — DESCARGO DE RESPONSIBILIDAD

Este libro fue diseñado para proporcionar información con respecto al tema de negocios. No es el propósito de este manual reimprimir toda la información disponible al autor/editorial, sino complementar, amplificar y aumentarles a otros recursos.

El uso del Plan de Negocios en una Página® no garantiza el éxito de ninguna idea u organización. Tampoco insegura que la financiación sea disponible. Cuando se necesita ayuda legal o experta, se debe buscar a los servicios de un profesional competente.

El autor/ editorial no tendrá la responsabilidad a ninguna persona ni entidad con respecto a ninguna pérdida ni daño causado, o alegada a ser causado, directamente o indirectamente, por la información contenido en el libro.

Si usted no desea ser obligado al antedicho, puede devolver este libro al editorial por un reembolso entero.

Publicado por:

The One Page Business Plan Company
1798 Fifth Street
Berkeley, CA 94710
Teléfono: (510) 705-8400
Fax: (510) 705-8403
e-mail: jhoran@onepagebusinessplan.com
www.onepagebusinessplan.com

1ª Edición en Español 2009 - 2015, 3rd impresión

ISBN 978-1-891315-00-8

Diseño del Libro por Designwise™

Editado por Rebecca Salome Shaw, Entrepreneurial Authors

Imprimido en los Estados Unidos

El Plan de Nogocios en una Página®

¡Empezar con la visión, construir una empresa!

por

Jim Horan

Lo que opinan los demás

¡El Plan de Negocios en una Página toma un proceso complejo y lo hace más simple!

"He tenido varios planes de negocios, pero ninguno de ellos lo bastante eficaz. El tener todos los puntos esenciales de nuestro plan en una sola página me ayudó, junto con mi socio, a ¡ponernos en camino!"
Norman Kurtin, Design Media, Inc.

"Los dibujos sencillos y claros, así como el enfoque sencillo de lo que es un plan de negocios, me hicieron superar mi renuencia a pensar de manera diferente y ¡crear mi negocio soñado! Ahora cuento con un plan estupendo que está funcionando."
Kendall Moalem, Kendall Moalem Design

"Mi grupo de asesores aplaudió mi plan de negocios en una página. Finalmente entendieron mi negocio y están aportando grandes consejos porque tienen un plan de negocios en donde apoyarse."
Nicole Lazzaro, Presidenta, XEODesign, Inc.

"Estaba muy ocupada desarrollando planes para los clientes, a fin de completar el mío propio, pero un plan de negocios en una página que contiene palabras clave y frases cortas es tan sencillo y fácil de hacer, ¡que hice el mío de inmediato!"
Diane Weinsheimer, The Marketing Manager

"He estado escribiendo las mismas metas y visiones para mi negocio una y otra vez. Lo que escribí en marzo, lo escribí en junio, y de nuevo en septiembre. Después de oír hablar a Jim, hice mi propio plan de una página. Ahora elijo mis oportunidades con más inteligencia y pierdo menos tiempo porque tengo el plan en su lugar."
Linda Pollock, Organizadora profesional

"El Plan de Negocios en una Página es la guía de los negocios."
Fred DaMert, Presidente, DaMert Company

"Se trata de un método fresco e innovador para planificar los negocios. Si todos los solicitantes de préstamos nos dieran resúmenes claros y concisos de su plan de negocios, la vida del banquero sería mucho más fácil."
Jim Ryan, Presidente, Bank of Walnut Creek, California

"Como banquero, me encanta El Plan de Negocios en una Página. Yo sé que el dueño de negocios potencial es serio, comprometido y profesional. ¡Éste es en realidad un sistema de planificación de negocios innovador!"
Jerry Ricketts, Vicepresidente, Scotts Valley Bank

"El Plan de Negocios en una Página en verdad ayuda al empresario en potencia o al ya existente a enfocarse y tener las cosas claras en una sola página. ¡Cuando son así las cosas, tienen una mayor oportunidad de alcanzar el éxito!"
Greg Garrett, Gerente de Programa, One Stop Capital Shop

"Es fácil para un corredor de bolsa quedar envuelto en el mercado y perder la perspectiva de que usted está en el negocio por usted mismo. A fin de tener éxito en el largo plazo, uno debe tener un plan y El Plan de Negocios en una Página es una herramienta sensacional."
Ralph Miljanich, Vicepresidente, Dean Witter Reynolds, Inc.

"Es maravilloso que finalmente alguien presente un plan de negocios para profesionales independientes. Esto des-mitifica a los planes de negocios, de manera que el profesional ejecutivo promedio puede realmente ¡hacer un plan de negocios que tiene sentido!"
Rebecca Salome Shaw, Entrepreneurial Authors

"¡El Plan de Negocios en una Página está revolucionando la planificación de negocios! Quita todo lo que sobra y va directo al grano. ¡Es una herramienta poderosa para negocios de todos tamaños!"
Roger McAniff, Sage Consulting

Este libro está dedicado a la familia, a los amigos y a la comunidad extendida que apoya y nutre a los empresarios.

Sin su amor y apoyo, muchos empresarios jamás habrían podido hacer realidad sus sueños.

El Plan de Negocios en una Página®

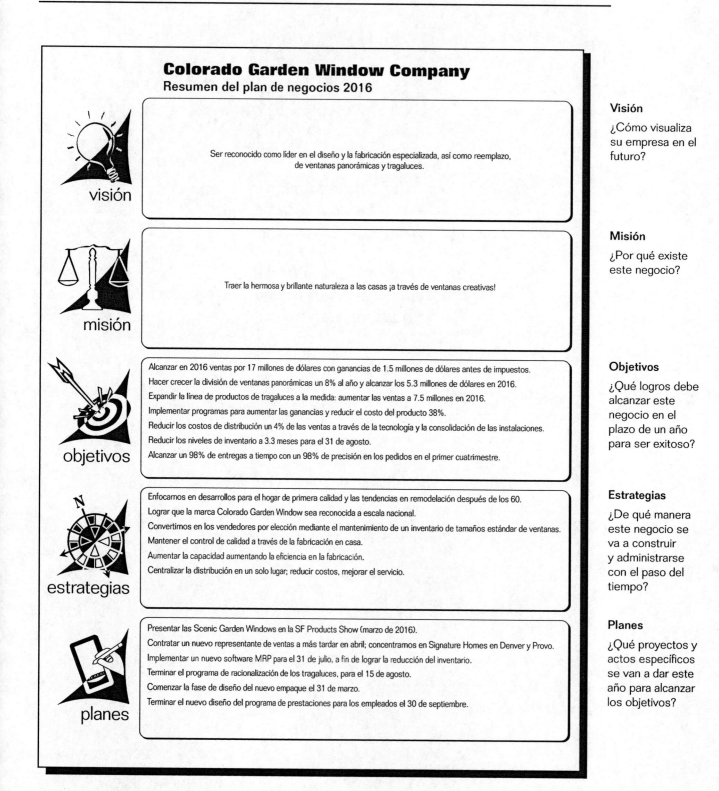

Colorado Garden Window Company
Resumen del plan de negocios 2016

visión

Ser reconocido como líder en el diseño y la fabricación especializada, así como reemplazo, de ventanas panorámicas y tragaluces.

misión

Traer la hermosa y brillante naturaleza a las casas ¡a través de ventanas creativas!

objetivos

Alcanzar en 2016 ventas por 17 millones de dólares con ganancias de 1.5 millones de dólares antes de impuestos.
Hacer crecer la división de ventanas panorámicas un 8% al año y alcanzar los 5.3 millones de dólares en 2016.
Expandir la línea de productos de tragaluces a la medida: aumentar las ventas a 7.5 millones en 2016.
Implementar programas para aumentar las ganancias y reducir el costo del producto 38%.
Reducir los costos de distribución un 4% de las ventas a través de la tecnología y la consolidación de las instalaciones.
Reducir los niveles de inventario a 3.3 meses para el 31 de agosto.
Alcanzar un 98% de entregas a tiempo con un 98% de precisión en los pedidos en el primer cuatrimestre.

estrategias

Enfocarnos en desarrollos para el hogar de primera calidad y las tendencias en remodelación después de los 60.
Lograr que la marca Colorado Garden Window sea reconocida a escala nacional.
Convertirnos en los vendedores por elección mediante el mantenimiento de un inventario de tamaños estándar de ventanas.
Mantener el control de calidad a través de la fabricación en casa.
Aumentar la capacidad aumentando la eficiencia en la fabricación.
Centralizar la distribución en un solo lugar; reducir costos, mejorar el servicio.

planes

Presentar las Scenic Garden Windows en la SF Products Show (marzo de 2016).
Contratar un nuevo representante de ventas a más tardar en abril; concentramos en Signature Homes en Denver y Provo.
Implementar un nuevo software MRP para el 31 de julio, a fin de lograr la reducción del inventario.
Terminar el programa de racionalización de los tragaluces, para el 15 de agosto.
Comenzar la fase de diseño del nuevo empaque el 31 de marzo.
Terminar el nuevo diseño del programa de prestaciones para los empleados el 30 de septiembre.

Visión
¿Cómo visualiza su empresa en el futuro?

Misión
¿Por qué existe este negocio?

Objetivos
¿Qué logros debe alcanzar este negocio en el plazo de un año para ser exitoso?

Estrategias
¿De qué manera este negocio se va a construir y administrarse con el paso del tiempo?

Planes
¿Qué proyectos y actos específicos se van a dar este año para alcanzar los objetivos?

Nota del Autor

"Debe simplificar.

Hay que hacer que lo complejo se vuelva sencillo y, luego, hacerlo funcionar."

—I.M. Pei, Arquitecto

Existe una nueva raza de dueños de negocios en el mercado hoy, quienes están iniciando una nueva empresa o reinventando un negocio establecido. Estos individuos son apasionados y estratégicos, competitivos y compasivos. Se interesan en la gente, el medio ambiente y sus comunidades, y no dirigen sus negocios de manera casual; son empresarios profesionales.

También existe otro tipo de empresario, el que es producto del accidente. Estos individuos se están encontrando a sí mismos y están considerando el auto-empleo por primera vez en su vida. Muchos han experimentado, de primera mano, la caída de las empresas en la Unión Americana y ahora están listos para actuar con base en sus propias ideas de negocios.

Yo conozco muy bien al empresario por accidente, pues yo soy uno de ellos. Llegué al mundo empresarial gritando y pateando en 1990, luego de pasar 17 años en compañías de Fortune 500 como ejecutivo financiero senior. En 1990 comencé la búsqueda de mi próxima carrera y me auto-empleé, como asesor de negocios y financiero, decidido a trabajar con empresarios y dueños de negocios independientes.

En la actualidad, mi compañía es una práctica de asesoría de bases amplias que da servicio a los empresarios profesionales y accidentales. Las compañías clientes se encuentran dentro de una amplia gama de industrias.

Todas estas compañías comparten cuestiones similares. Los negocios son complejos, los recursos son limitados y el tiempo es vital. No hay lugar para los grandes errores. Los dueños de negocios no pueden saberlo todo ni pueden hacerlo todo solos; por lo tanto, otras personas habrán de participar en el negocio. Eso se refiere a empleados, contratistas independientes, inversionistas y socios potenciales. Asimismo, su negocio puede requerir el uso de "el dinero de otros". Otras personas y "el dinero de otros" necesitan tener un plan de negocios por escrito, y ya no es una tarea opcional.

El Plan de Negocios en una Página® se inspiró en mi propio trabajo con los empresarios, individuos a los que les gusta pensar rápido y moverse aún más rápido, y el concepto del plan de negocios tradicional ni se menciona. Un enfoque innovador y fresco se requería, y entonces nació El Plan de Negocios en una Página®.

El Plan de Negocios en una Página® está diseñado para actuar como catalizador de sus ideas. Es una herramienta muy poderosa para construir y administrar un negocio en el siglo 21. Es breve, conciso y genera el plan en forma rápida y eficaz. No hay duda de hacia dónde va usted cuando está por escrito. Comience con su visión, construya una compañía.

—Jim Horan

Cómo usar este libro

El objetivo primario de este libro es ayudarle a poner en papel su plan de negocios. Se ha elaborado con mucho cuidado para capturar ese plan de negocios que tiene usted en la cabeza.

Lleve este libro consigo, escriba en él, úselo como un contenedor para capturar todo lo que se le ocurra. Si tiene usted varios negocios, compre un libro para cada uno.

No es necesario hacer todos los ejercicios aquí incluidos. Si usted puede redactar su propio Plan de Negocios en una Página® con sólo revisar los ejemplos, sáltese los ejercicios. Están ahí para darle una guía a través del proceso, en caso de que la necesite.

Este libro no es como los libros comunes sobre planes de negocio… no es su intención. Los ejercicios y ejemplos están diseñados para estimularlo. Los dibujos e imágenes pretenden guiarlo; si le parecen divertidos, pues diviértase y explore. Si más bien le parecen analíticos, entonces sea analítico y enfóquese. Los ejemplos y muestras provienen de planes de negocio reales y su intención es mostrarle lo poderosas que pueden ser unas cuantas palabras o frases bien construidas.

No todas las personas piensan o trabajan de la misma forma. Algunas son auditivas, y otras responden a las imágenes, mientras que otras más necesitan escribir. Algunas piensan mejor cuando están solas, en silencio, y otras lo hacen mejor en medio del ruido. Esta obra ha sido diseñada para adaptarse a todos estos estilos diferentes.

No subestime el poder de las preguntas de este libro, que parecen simples. Lo son en diseño, nada más, para que usted pueda comprenderlas. Pida a alguien que le haga las preguntas, verá como surgen en su interior interesantes reflexiones.

El libro se encuentra dividido en siete secciones con el enfoque en los cinco elementos de El Plan de Negocios en una Página®, pero usted puede comenzar donde quiera. ¡Está bien ir saltando de un lado a otro!

Hay cinco tipos de ejercicios en este libro, los cuales están claramente marcados e identificados en la parte superior de cada página, y cada uno de ellos está diseñado para cumplir un propósito específico:

- **Lluvia de ideas:** generar nuevas ideas mediante la consideración de preguntas estimulantes.

- **Investigación:** reunir información de fuentes externas.

- **Enfoque:** es el proceso de organizar las ideas y conceptos por orden de prioridad.

- **Concretar:** condensar, decidir prioridades finales, corregir.

- **Retroalimentación:** pedir retroalimentación objetiva a consejeros confiables.

resumir

Hay muchas formas distintas de usar e interactuar con este libro. Los ejercicios pueden hacerse:

- a solas

- con su socio de planeación (un dueño del negocio que trabaja con el otro dueño del negocio)

- como equipo de administración o gerencial

- como grupo: ejercicio de retroalimentación (un dueño del negocio recibe información, opiniones, etc., de varios dueños de negocios o profesionales)

- por un grupo de empresarios o dueños de negocio, a fin de generar ideas, conceptos y estrategias para la planeación de negocios

- con un asesor de negocios profesional.

Algunas ideas finales…

No existe el plan de negocios correcto, equivocado o perfecto, pues los negocios siempre están evolucionando, y lo mismo sucederá con su plan, además de que irá mejorando con el tiempo. Recuerde, no es necesario hacer todos los ejercicios de este libro, y tampoco recomendamos que los haga usted solo. Use el libro como un catalizador, y cuando crea usted que ya terminó, deténgase. Si se atora, póngalo a un lado unos días o una semana y después regrese a él cuando las ideas vuelvan a fluir. Tómese su tiempo y disfrute el viaje.

Cómo usar el CD

El Juego de Herramientas para el Empresario en CD contiene herramientas adicionales para hacer la creación de su plan de negocios sencilla y fácil.

¿Quiere que su plan se vea buenísimo? ¿Muy profesional? La plantilla de El Plan de Negocios en una Página está disponible en Microsoft Word en cuatro estilos distintos.

¿Necesita ayuda con la calculación o el presupuesto de ventas? Las calculadoras de ventas en este CD son fáciles de usar.

¿Está haciendo un presupuesto? Hemos simplificado el proceso a una página única.

¿Listo para seguir los resultados? Use las Tarjetas de Puntación en una Página.

¡El disco también contiene diez (10) Herramientas de Regalo y quince (15) planes de muestra adicionales!

Lo que está en su CD:

Ejercicios interactivos y Plantillas

Incluido en el CD son cinco clave de los ejercicios, de Visión, Misión, Objetivos, Estrategia, y Plans de Acción más muchas otras herramientas nuevas para ayudarle crear su plan.

La mayoría de las formas, plantillas y ejercicios tienen cajas de texto en las que puede escribir directamente.

Poderosas Calculadoras de Ventas

El Juego de Herramientas tiene tres (3) Calculadoras de Ventas que le permiten hacer escenarios múltiples de ventas y preguntar "¿Qué pasaría si...?" No hace falta ser contador público, tener un máster en gestión de empresas, o ser un gurú de mercadotécnica para tener una idea de cómo pueden ser las ventas en 1, 3, o 5 años.

Cada Calculadora de Ventas tiene un gráfico o más, colorados y fáciles de entender, para ayudarle visualizar el crecimiento de su negocio además de leer los números. ¡Esta es una buena herramienta para los empresarios que son intimidados por los números de los negocios!

También incluidos con las Calculadoras de Ventas es un Sistema de Presupuesto de Ventas que le ayuda a crear un Presupuesto de Ventas por Mes para hasta siete productos, servicios, líneas de producto o unidades del negocio.

*Requiere Microsoft Word® y/o Excel®

Hoja de Trabajo del Presupuesto en una Página

Cada negocio necesita un presupuesto; ¡sobre todo los pequeños! Empiece el proceso con el uso de una de las calculadoras de ventas para determinar las ventas por mes, y al terminar entrar las ventas en la hoja de trabajo del presupuesto. Siga con la calculación de los gastos por mes en conjunto con los Planes de Acción para asegurar que todos los gastos requisitos para implementar su plan son contados. Ajuste las detalles de las ventas y/o los gastos hasta que los resultados le satisfagan.

Tarjetas de Puntación en una Página

El seguimiento disciplinado de los resultados y el progreso es decisivo para alcanzar los Objetivos del Plan de Negocios en una Página. Le animamos a crear una Tarjeta de Puntación para cada Objetivo y actualizarlas cada mes.

Aún Más Planes de Muestra

Incluidos hay quince Planes de Negocios en una Página® adicionales que pueden ser obtenidos con Microsoft Word®.

...y 10 Herramientas de Regalo

Su Juego de Herramientas en CD contiene 10 herramientas de regalo, plantillas y técnicas que hemos creado y usado con miles de empresarios en talleres por todo el mundo. ¡Estas herramientas son sencillas y fáciles de usar!

Índice

¿De dónde viene el éxito? ¿Cómo se ve?

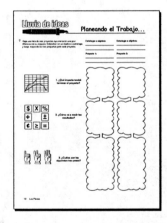

59   Las Estrategias

71   Los Planes

79   ¡Ya lo hizo!

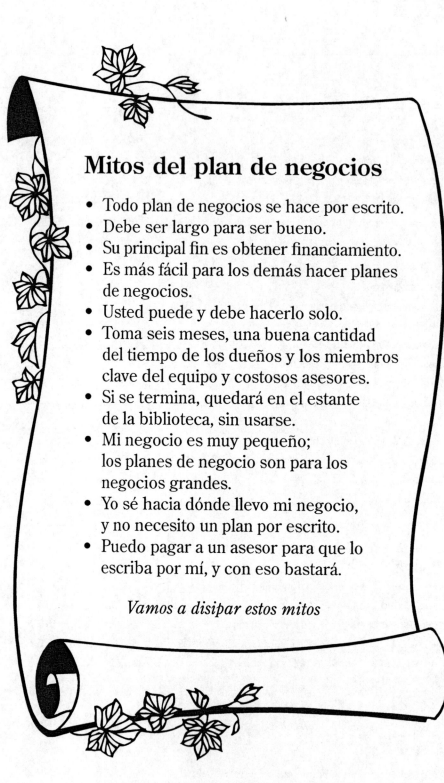

Mitos del plan de negocios

- Todo plan de negocios se hace por escrito.
- Debe ser largo para ser bueno.
- Su principal fin es obtener financiamiento.
- Es más fácil para los demás hacer planes de negocios.
- Usted puede y debe hacerlo solo.
- Toma seis meses, una buena cantidad del tiempo de los dueños y los miembros clave del equipo y costosos asesores.
- Si se termina, quedará en el estante de la biblioteca, sin usarse.
- Mi negocio es muy pequeño; los planes de negocio son para los negocios grandes.
- Yo sé hacia dónde llevo mi negocio, y no necesito un plan por escrito.
- Puedo pagar a un asesor para que lo escriba por mí, y con eso bastará.

Vamos a disipar estos mitos

Introducción

El Plan de Negocios en una Página®

Los visionarios son los que cuidan los sueños.

Los empresarios corren riesgos y hacen los sueños realidad.

La comunidad nutre y sostiene los negocios creativos.

Todo dueño de negocio tiene un plan de negocios. Si conoce a uno en una fiesta, escuchará la mayor parte de su plan en los primeros 30 minutos. Por supuesto, van a hacer alarde del éxito más reciente de su producto, y se quejarán de problemas con los empleados, los clientes y los socios. Si usted presta atención, también los escuchará hablar con toda libertad de su visión, sus objetivos, sus estrategias y sus planes.

Los planes de negocio no tienen que ser largos para ser buenos. Una sola página puede contener todos los elementos esenciales que deben comunicarse a los empleados, el consejo de directores, los socios potenciales o al banquero sobre hacia dónde está llevando usted su negocio y qué está haciendo para llegar ahí. Este libro le va a mostrar cómo hacer eso.

La razón más importante para tener un plan de negocios es dar claridad a su pensamiento, sin importar el tamaño de su empresa. ¿Es posible tener una gran claridad o enfoque? ¿Cuánto de su tiempo y recursos de su negocio se desperdicia en proyectos que le alejan de la misión principal? ¿Cómo puede tener logros si todos en su organización realmente sabían lo que usted estaba tratando de hacer? Tener un plan de negocios es saber claramente hacia dónde lleva su negocio. Cuando usted tiene sus ideas claras y las plasma por escrito, los demás sabrán y entenderán su visión y cómo piensa llegar ahí.

Los planes de negocios extensos los requieren las personas y organizaciones que tienen el dinero que usted quiere. Tienen requerimientos específicos que deben cubrirse o usted no recibirá su dinero. Este libro no tiene que ver con esos planes de negocio, pero puede ayudarle a simplificar su preparación notablemente. Si puede usted concentrarse y expresar sus ideas con claridad en una página, entonces puede también transformar cada frase corta en un párrafo, una página completa, un capítulo, etc. Siempre es fácil expandirse, es mucho más difícil enfocarse y simplificar. Mark Twain lo dijo una vez, "denme tres semanas y les escribiré una carta breve".

No tiene que tomarle seis meses de reuniones agonizantes, kilos de documentos escritos, hojas de cálculo interminables y complicados diagramas de flujo para crear un buen plan de negocios. Tampoco se necesita un ejército de costosos asesores, pues unas cuantas frases y oraciones cortas bien construidas pueden decir mucho. Los ejemplos del libro le demostrarán que así es.

Usted y su equipo conocen su negocio, por dentro y por fuera. Usted conoce la industria, las principales tendencias. Usted habla con los competidores y proveedores regularmente, lee el periódico y los diarios comerciales, y es posible que también navegue un poco por la red.

"La razón más importante para tener un plan de negocios es tener claras las ideas, sin importar el tamaño de su compañía."

También comparte sus sueños con sus amigos cercanos, sus socios y su familia. Tiene todo lo que necesita para bocetar el plan en su cabeza. Podría hacer un borrador en este momento y tener esta tarde alguna charla significativa con alguien en quien confía. Si quiere contratar a un asesor para que le ayude, ¡estupendo! Entréguele una copia de su borrador y converse con él, si tiene ideas valiosas, contrátelo y pídale que le ayude a depurarlo.

Los conceptos de la planeación de negocios no son difíciles, usted ya entiende todos, sueña con su negocio, establece metas y trabaja todo el año de una manera organizada para llevarlos a la realidad. A usted probablemente le gustará hacerlo con menos estrés y mejores resultados, es por eso que el concepto del plan de una página le suena tan bien.

¿Por qué debe tener un plan por escrito? Usted sabe hacia dónde va, pero si no lo tiene por escrito, siempre estará sujeto al cambio. Cada vez que hable de él, será diferente. Póngalo por escrito y todos verán lo mismo.

el suyo (el de él) al mismo tiempo. Es como ir al gimnasio con un amigo. Consiga un socio de planeación, comprométase con el proceso y establezca una fecha límite. Funja como entrenador y animador con ese socio. Funciona. Yo lo sé porque alguien me ayudó cuando traté de escribir el mío. Un empresario amigo mío me fue guiando y desafiando de una manera amable pero firme a lo largo del proceso, y yo hice lo mismo por él.

Un plan de negocios hace surgir lo mejor y lo peor de la mayoría de los profesionales de negocio. Facilita el pensamiento creativo y analítico, la solución de problemas, la comunicación, el compartir interfuncional y el trabajo en equipo. Genera esperanza y entusiasmo por el futuro. También hace que emerja la desidia, la frustración, las diferencias de opiniones y, quizás hasta la ira. No se trata de un proceso benigno, pero si se hace bien, ese proceso es muy valioso y tiene su propio sentido de satisfacción. Su negocio será más fuerte.

El Plan de Negocios en una Página

visión

misión

objetivos

estrategias

planes

Si un plan de negocios escrito le parece una tarea demasiado grande, incluso después de leer este libro, pida a otro dueño de negocio que se comprometa a hacer

Usos de El Plan de Negocios en una Página®

Hay muchos usos para El Plan de Negocios en una Página®. A continuación encontrará una lista de cuatro categorías con muchos usos distintos. Dicha lista no es muy grande, por supuesto, pero tiene la intención de darle una idea de algunos de sus usos a la fecha. Tenga copias en blanco de El Plan de Negocios en una Página® a la mano. Si de pronto se da cuenta de que está soñando despierto en un producto, servicio, negocio o carrera nuevos, comience a tomar notas. Registre sus ideas conforme van llegando.

Presentación externa

- Plan de negocios completo para empresas de pequeñas a medianas.
- Vehículo para poner a prueba ideas de negocios con el consejo de directores, socios, el banco y los empleados.
- Concepto borrador de un préstamo para la administración de una pequeña empresa o el plan de negocios para la fusión de capital.
- Resumen del plan actual

Inspiración y motivación

- Herramienta para volver al camino si alguna vez perdió su visión.
- Planeación de la carrera.

Investigación y desarrollo

- El lugar para resumir las ideas para la división o el negocio nuevos.
- Esquema rápido y elaboración de la idea para el nuevo producto o servicio.
- Proceso para la planeación de proyectos mayores.

Guía de proceso interno

- Plan de negocios completo para compañías pequeñas y medianas.
- Plan de negocios para subsidiarias o divisiones de empresas más grandes.
- Herramienta de planeación funcional o por departamentos (ventas, mercadotecnia, finanzas, etc.).
- Punto de partida del plan estratégico para CEOs de grandes corporativos.
- Metodología para actualizar en poco tiempo el plan anual para cambios importantes de medio año.
- Resumen del plan actual.

"Escribir toma tiempo, por lo general más del que necesitamos para hablar. La palabra escrita requiere cierto nivel de destreza y reflexión en la expresión. Al escribir, no podemos andarnos por las ramas ni divagar, como lo hacemos al hablar. Elegimos las palabras con más cuidado, porque las palabras permanecen para ser leídas otra vez, refinadas, y para servir como una fuente de reflexión y generar un cambio inteligente si es necesario."

—Thomas Moore
Care of the Soul and Soulmates

El poder y la magia de escribir

"Escribir permite a los demás participar en su sueño y darle retroalimentación."

¡Hay magia en la palabra escrita! En particular cuando se trata de las propias palabras de usted acerca de una idea que ha estado pensando y compartiendo desde hace algún tiempo. De alguna manera, el proceso de escribir inicia la transformación de una idea en realidad, y también hace muchas otras cosas maravillosas.

Las cosas son más claras cuando se escriben. Desde luego, al principio el proceso puede sentirse muy extraño y los resultados parecer bastante pobres y menos que claros. Pero con el debido tiempo y paciencia, el proceso da como resultado una conexión de la mente con la realidad del papel. Los pensamientos comienzan a desarrollarse en imágenes, y éstas, a su vez, en palabras clave y frases cortas. Un bosquejo comienza a surgir y se crea claridad.

Si se apega a su escritura, también logrará enfocarse. Al principio, tendrá muchas ideas, más de las que pueda implementar, pero el proceso de registrarlas en el papel da lugar a la jerarquización y la priorización conscientes e inconscientes. Yo creo que es importante registrar todas las ideas que tenga usted acerca de su producto, servicio o negocio sin juzgarlas. El proceso natural de escribir conservará las ideas mejores y más fuertes. Su visión y su misión serán más concisas a través de este proceso evolutivo, y eso dará como resultado un método enfocado.

Escribir también permite que los demás tomen parte en su sueño y le den retroalimentación. Escribir le proporciona un foro consistente, mientras que en una conversación el contexto cambia cada vez que usted habla. Permitir a los demás participar y ayudar a soportar su idea para dar el siguiente paso es de vital importancia para su éxito general. La mentalidad del llanero solitario ya no es necesaria ni eficaz.

La palabra escrita también genera una especie de contrato consigo mismo que provoca la acción inmediata. ¿Se ha dado cuenta de que cuando hace una lista de abarrotes y la deja en casa casi siempre recuerda todo lo que había en ella? Muchos usuarios de El Plan de Negocios en una Página® comentan que, tan pronto como empiezan a escribir sus planes de acción –algunos de los cuales han tenido en la mente durante varios años — comienzan a actuar sobre ellos. *¡Yo creo que eso es magia!*

1. Los arquitectos visualizan los detalles
de una nueva construcción y hacen un boceto
simple para ver cómo luciría.

2. Los compositores escuchan mentalmente
una melodía nueva y luego la ponen a prueba
en el piano para ver cómo se oye.

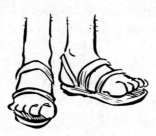

3. Los creadores de películas imaginan
el escenario de su próximo película y preparan
libretos para ayudarse a crear una imagen más
completa de la historia.

Cómo moldear una idea nueva

"…los dueños de negocios necesitan una forma de comprobar sus ideas sin tener que poner su capital o su negocio en peligro."

Los arquitectos, los compositores y los cineastas e inventores hacen modelos en alguna forma para poder ver sus ideas de una manera más visual y concreta. Este proceso es uno de los primeros pasos que hacen de una idea algo más real y tangible. Los modelos son una técnica de ayudar con la visualización de las ideas.

Como creadores de negocios, necesitamos una metodología para explorar nuestras ideas de negocios. Es muy difícil, caro y poco productivo producir muestras o modelos de trabajo de cada idea potencial que se atraviesa en el camino. La investigación de mercado también es muy cara y, por lo general, se reserva para nuestras mejores ideas. Los productos complicados con largos plazos de entrega, que requieren costosa materia prima e instalaciones de manufactura, obviamente no pueden hacerse y ponerse a prueba como una nueva melodía en el piano. Y los dueños del negocio necesitan una forma de comprobar sus ideas sin tener que poner en riesgo su capital o negocio.

Casi todos los individuos dentro del mundo de los negocios examinan sus ideas en conversaciones con sus socios, asesores, amigos y parientes. Pero la conversación es fluida, flexible y, con frecuencia, informal. También es probable que no transmitamos el mismo mensaje y los mismos detalles a todos, por lo que la respuesta que recibimos puede verse afectada por la manera como expresamos nuestras ideas. Una melodía tocada a partir de música escrita va a sonar igual sin importar el piano en el que se toque. Desafortunadamente, la palabra hablada está sujeta a una mayor ambigüedad cuando se expresa.

Los empresarios usan lo que la palabra escrita tiene para describir sus ideas. La palabra escrita permite compartir nuestras ideas con otros de una manera consistente y clara. El plan de negocios es, en efecto, nuestra herramienta para modelar. Nos da el boceto, la visión, el mapa para nuestras ideas. En muchas formas, es como los primeros acordes del compositor; el músico tiene que escuchar e igual los demás. El plan de negocios funciona de la misma forma. Usted tiene que ver sus ideas escritas en papel y los demás también.

EJERCICIO DE
entrevista

Pida a su socio de planeación o negocio que le haga las siguientes preguntas. Le recomendamos que grabe la sesión para que ambos puedan tomar notas después. Después escriban las notas de cada uno en los espacios en blanco.

⌛ 30 minutos.

Describa su negocio. ¿Hacia dónde va con él? ¿Cómo será en cinco años?

¿Qué necesidad del mercado va a cubrir el producto o servicio de su empresa? ¿Por qué está usted en este negocio? ¿Cuál es su pasión?

¿Qué le gustaría celebrar este año? ¿Qué le gustaría celebrar en estas mismas fechas el año próximo?

¿Qué ha hecho de su negocio un éxito hasta la fecha? ¿Qué hará que su negocio sea un éxito con el tiempo?

¿Qué proyectos para la construcción de su negocio están en su lista de cosas por hacer? ¿Qué ha estado retrasando que sabe que marcaría la diferencia en su negocio?

Por que funciona El Plan de Negocios en una Página®

Los planes de negocios no tienen que ser complejos ni engorrosos. El Plan de Negocios en una Página® pretende ser simple y ayudarle a enfocarse en poco tiempo.

Sencillez

El Plan de Negocios en una Página® es eficaz porque toma un tema complejo y lo vuelve simple. Es fácil de leer y entender. Si usted es quien lo redacta, sabrá cuando haya terminado porque habrá cubierto, de una manera eficiente, todos los elementos importantes de su plan de negocios.

Enfoque

El Plan de Negocios en una Página® funciona porque se enfoca en lo que es importante. No hay espacio para la trivialidad o las insignificancias. El uso de palabras clave y frases cortas le dice al lector que sólo se presenta la esencia para ser revisada. El hecho de que este plan de negocios sea de una sola página muestra que el tiempo que se dedique a leerlo es mínimo.

Fácilmente comprensible

Los cinco elementos de El Plan de Negocios en una Página® se entienden fácilmente. A medida que lea cada sección, el plan de negocios explica, de manera casi telegráfica, la información que se está presentando. Usted sabe que la declaración de visión va a ser cara e idealista, y espera que la declaración de misión sea poderosa y orientada al cliente. Los objetivos deben ser realistas y mensurables, mientras que las estrategias habrán de estar bien pensadas y los planes orientados a la acción.

Versatilidad

El Plan de Negocios en una Página® funciona porque es una herramienta de comunicación. Si usted es dueño de un negocio, este documento de una sola página puede ser una herramienta importante para comunicarse con sus empleados, expertos y prospectos, accionistas, inversionistas o banqueros la clase de compañía que está construyendo y cómo planea hacerlo.

Consistencia

Es una herramienta eficaz de comunicación porque usted transmite el mismo mensaje a toda persona a quien se lo entrega, a diferencia de la palabra hablada, que puede cambiar cada vez que usted habla. Asimismo, con la palabra escrita, usted ya eligió los términos con mucho cuidado y está comunicando sólo los elementos más importantes de su plan de negocios.

Flexibilidad

El Plan de Negocios en una Página® funciona porque es fácil de cambiar y actualizar con su más reciente pensamiento. Una idea que es importante por la mañana puede estar en el plan esa misma tarde. Registrar esos "momentos de claridad" rápidamente y de una manera útil permitirá conservarlos para un posterior análisis, consideración y posible acción.

Entonces, ¿cuál es la ventaja de tener un plan de una sola página? Es su plan, sus ideas en sus propias palabras. Es un punto de referencia para todo negocio importante o decisión financiera crítica que pueda usted estar considerando. Es simple, conciso y es usted mismo. Los banqueros, inversionistas y socios potenciales pueden tener un panorama completo de su negocio en un solo vistazo. Incluya su presupuesto y estará listo para sostener una charla interesante acerca de su negocio.

Crear un negocio es como un viaje

¡El plan de negocios es el mapa!

Construir un negocio es un viaje y siempre lo ha sido. Marco Polo, Cristóbal Colón y Fernando de Magallanes fueron todos grandes aventureros que hicieron larguísimos viajes. Dichas expediciones fueron exploraciones de regiones desconocidas del mundo en busca de nuevas tierras, especies exóticas, fama y fortuna. Estos exploradores también fueron hombres de negocio y muchos de ellos contaron con el apoyo de capitalistas de riesgo. ¿Se había puesto a pensar alguna vez que la Reina Isabel de España fue precisamente uno de los más poderosos e importantes capitalistas de riesgo de todos los tiempos?

Los grandes viajes comienzan con una visión, y esa visión es el sueño. Describe de qué se trata el viaje y qué es lo que usted espera encontrar o crear. La visión de Colón era llegar a las Indias navegando por occidente.

Todos los grandes viajes tienen, también, una misión, la cual describe el propósito de la travesía. Colón quería demostrar que el mundo era redondo, pero la misión de la reina Isabel era distinta. Ella quería las riquezas y el poder que la conquista de nuevas tierras traería.

Los viajes tienen metas y objetivos específicos que impulsan cierta conducta. John F. Kennedy quería llevar al hombre a la Luna a finales de la década de los 60, y esta meta enfocó la energía de mucha gente en actos específicos para lograr esta fecha límite. Ése es el propósito de un objetivo bien definido: genera actos significativos.

Las estrategias marcan la dirección. Son las señales del camino y nos ayudan a mantenernos dentro del objetivo a fin de que, finalmente, lleguemos a nuestro destino. Las grandes estrategias permanecen constantes durante todo el viaje; Colón se dirigió siempre hacia el oeste, ¡y funcionó! Establezca estrategias claras para construir y desarrollar su negocio, y apéguese a ellas.

Los viajes exitosos tienen un plan, y ese plan incluye las acciones importantes que deben seguirse para hacer de la aventura todo un éxito.

En donde quiera que se encuentre usted, hoy es el punto de partida. Desarrolle un plan de negocios que guíe la construcción de su empresa, y use ese plan como un mapa para mantenerse en el camino hacia su destino.

Declaración de Visión que funciona:

Convertir a Phoenix Electronic Controls, Inc., en la principal compañía de control de procesamiento industrial en el sudeste.

En 5 años, PEC, Inc., crecerá a 20 millones de dólares en ingresos al expandir su papel de representante de manufactura a compañía con valor agregado que ofrece una ingeniería completa, servicio de campo y servicios de ingeniería de integración.

Declaración de Visión

¿Cómo visualiza su negocio?

"La declaración de visión debe describir sus ideas de una manera que capture la pasión de la idea."

La sección de visión de El Plan de Negocios en una Página® es muy importante. Es el lugar en donde tiene usted que describir ¡su visión, su camino! Las declaraciones de visiones deben ser expansivas e idealistas, deben estimular el pensamiento, transmitir pasión y dar una imagen muy clara del negocio que usted quiere. Es divertido leer las grandes declaraciones de visión y, cuando están bien escritas, pueden provocar reacciones emocionales y sensoriales. Si por casualidad está usted buscando inversionistas, una gran declaración de visión es esencial.

Existe otra razón importante para crear una gran visión. Cuando usted describe la suya de una manera expandida, está invitando a los demás a ayudarle a ver las posibilidades que probablemente no estuviera viendo. Yo creo que las declaraciones de visión tienen que ver con la exploración, la creación de posibilidades y con preguntarse "¿qué pasaría si..?" y "¿por qué no?"

Es difícil exagerar su declaración de visión. Continúe y escriba de manera optimista, sin límites, quizás hasta extravagante una declaración de visión. Pida a sus amigos y asociados que le ayuden a pensar "de manera diferente", y luego viva un tiempo con lo que escribió. No se apresure al proceso de revisión y corrección, tal vez resulte que decida usted construir algo más emocionante de lo que en principio creyó posible.

No depure su declaración de visión, manténgala llena de pasión. Ésta es su oportunidad de describir su sueño. Esta parte del plan de negocios no es para ponerse a analizar. Si describe una visión limitada, una que es sosa y aburrida, ¿cómo espera sentirse emocionado por su negocio? Y si no está emocionado, ¿cómo espera tener éxito? Si no registra la pasión que siente, a los demás les costará trabajo interesarse en su proyecto. De hecho, los inversionistas generalmente dicen que el sueño casi siempre vale más que la realidad.

La clave para registrar su visión es dejarse fluir y no limitar el flujo de sus pensamientos. Registre todas las ideas que lleguen a su cabeza y use adjetivos poderosos para describir todas las características. Asegúrese de incluir los elementos personales de su visión, ya que ésa es la fuente de su pasión que le llevará a través de los tiempos difíciles y frustrantes.

Su visión ha evolucionado con el paso del tiempo y seguirá cambiando. No permita que las ideas futuras le impidan escribir hoy. ¡Describa su visión como la ve ahora!

Lluvia de ideas
EJERCICIO

Su Visión

Al pensar en las preguntas incluidas en estas dos páginas, escriba en estos "globos de ideas" todas las palabras o frases cortas que le vengan a la mente.

¿QUÉ?

¿Productos o servicios? ¿O ambos? ¿Cuántos?

Imagen de la compañía: ¿Qué hará que la empresa sea conocida?

Papel del dueño: ¿Qué papel desempeña usted? ¿Cómo va a pasar el tiempo?

¿DÓNDE?

Negocio: ¿Local, regional, nacional o internacional?

Clientes: ¿En dónde están? ¿Cuáles ciudades, estados, países?

Operaciones de negocio: ¿Oficinas generales, puntos de venta, manufactura, etcétera?

¿QUIÉN?

Clientes: ¿Quiénes son? (casi todos los negocios tienen varios tipos de clientes)

Alianzas estratégicas: ¿Quién puede ser su socio?

Consejeros: ¿Quién puede proporcionarle consejo profesional y estratégico para hacer crecer su negocio apropiadamente?

Cómo crear la compañía que quiere

No se preocupe por responder todas las preguntas, sólo trate de registrar sus ideas inmediatas.

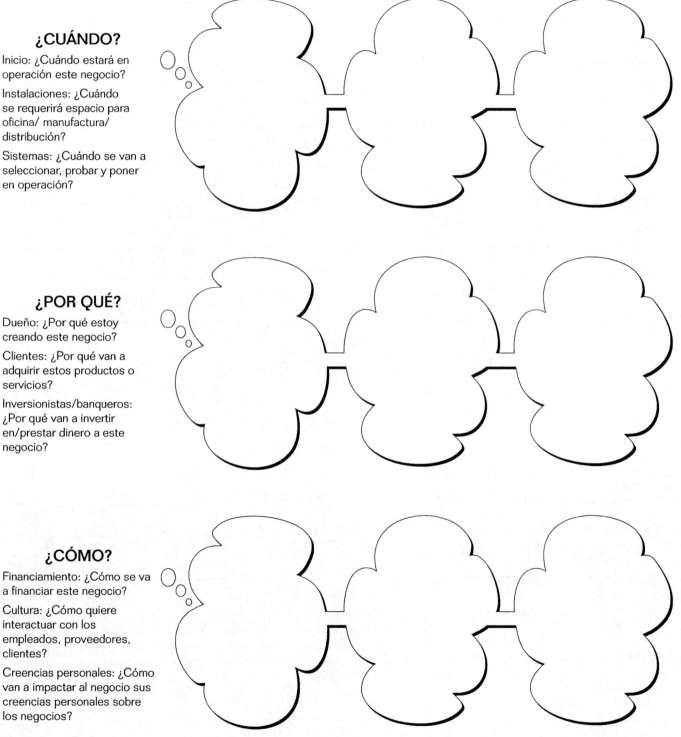

¿CUÁNDO?

Inicio: ¿Cuándo estará en operación este negocio?

Instalaciones: ¿Cuándo se requerirá espacio para oficina/ manufactura/ distribución?

Sistemas: ¿Cuándo se van a seleccionar, probar y poner en operación?

¿POR QUÉ?

Dueño: ¿Por qué estoy creando este negocio?

Clientes: ¿Por qué van a adquirir estos productos o servicios?

Inversionistas/banqueros: ¿Por qué van a invertir en/prestar dinero a este negocio?

¿CÓMO?

Financiamiento: ¿Cómo se va a financiar este negocio?

Cultura: ¿Cómo quiere interactuar con los empleados, proveedores, clientes?

Creencias personales: ¿Cómo van a impactar al negocio sus creencias personales sobre los negocios?

EJERCICIO DE
entrevista

Este ejercicio le ayuda a visualizar la clase de compañía que quiere (y la que no quiere) en términos de productos y servicios, clientes, y el ambiente de trabajo. A veces, es más fácil responder a las preguntas de la derecha primero. Pida a su socio de planeación que le guíe a través del ejercicio.

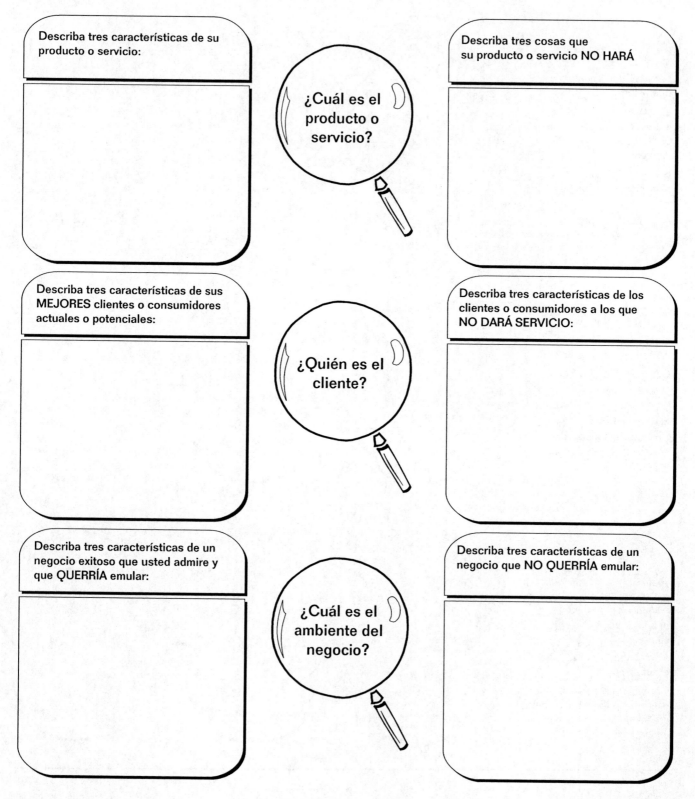

Describa tres características de su producto o servicio:

¿Cuál es el producto o servicio?

Describa tres cosas que su producto o servicio NO HARÁ

Describa tres características de sus MEJORES clientes o consumidores actuales o potenciales:

¿Quién es el cliente?

Describa tres características de los clientes o consumidores a los que NO DARÁ SERVICIO:

Describa tres características de un negocio exitoso que usted admire y que QUERRÍA emular:

¿Cuál es el ambiente del negocio?

Describa tres características de un negocio que NO QUERRÍA emular:

Cómo crear su
Declaración de Visión

👆 PASO 1: Elabore su declaración de visión llenando los siguientes espacios en blanco. Pida a otra persona que la lea para usted.

Declaración de Visión (primer borrador)

En los próximos _____ **años, convertir a** _____
nombre de la compañia

en un $_____ ☐ local ☐ regional ☐ nacional ☐ internacional _____
aproximadas ventas anuales   tipo o descripción del negocio

tomando en cuenta que _____
descripción de los productos y/o servicios

para _____
descripción de los clientes

PASO 2: Vuelva a escribir la declaración de visión anterior, cambiándola con sus propias palabras:

_____

_____

_____

_____

_____

_____

PASO 3: Ahora escriba una declaración de visión ¡optimista, sin límites y extravagante!

Ejemplos de Declaraciones de Visiones......

Las declaraciones de visiones son individuales y con estilo propio. A continuación le presentamos 11 escritas por propietarios de negocios pequeños y medianos, con comentarios sobre lo que le funciona a cada uno:

Suena innovadora y provoca intriga. Es divertida y estimulante. Una gran visión pero bastante creíble.

Crear una red de cafés creativos en todo el mundo que sean salones en vivo y con red en el ciberespacio, en los que se incluya entretenimiento educacional y un ciber cine electrónico. Un lugar divertido en el que la gente se reúna para jugar y trabajar, en donde las personas creativas, a través del uso de la unión entre el arte y la alta tecnología aprendan una de la otra y cuenten con un foro para exhibir su trabajo.

Creativity Cafe™ (www.creativity.com)

Estilo narrativo. Personal sin dejar de ser profesional.

McAniff Consulting visualiza un negocio que ofrezca un excelente trabajo de asesoría-consultoría con clientes pequeños a medianos en el noroeste, y con empresas grandes a escala nacional. Del trabajo de consultoría habrá que destacar la integración de las tres "Ps" de la Planeación, el Proceso y el Performance (rendimiento) para obtener resultados excelentes. Mi visión es compartir espacio de oficina e interactuar con otros profesionales en la consultoría administrativa para desarrollar una práctica exitosa.

McAniff Consulting

Refleja el estilo personal del dueño y su compromiso con el cambio y los valores. El concepto del negocio está bien definido.

Crear una firma de capacitación y consultoría global que brinde apoyo al surgimiento de un nuevo paradigma en los negocios mediante el uso del Proceso de Grupo Central como su cimiento.

Principios guía:

- ¡Experimentar alegría! Crear una experiencia satisfactoria y plena para todos nosotros.
- Moldear los procesos que son el fundamento de este negocio dentro del negocio.

PeopleAssets (Servicios Innovadores de Consultoría y Capacitación para el Negocio de Mañana)

Ofrece bastante información acerca de la compañía. Incluye elementos de la declaración de misión. Declara lo que es importante para los propietarios.

GeoCentral es una compañía con base en Napa que se conoce a escala global por su:

- Compromiso con el hecho de compartir los mayores tesoros de la Tierra ofreciendo productos y servicios innovadores que muestren la riqueza y diversidad de la naturaleza.
- Contribuir con la educación y la promoción de la conexión de las personas con este planeta.
- Orientación al cliente, productos de calidad, servicio personal y oportunidad de ganancias al menudeo.

Localmente, a GeoCentral se le conoce por sus hermosas oficinas, abiertas y artísticas, sus empleados motivados y sus contribuciones a la comunidad.

GeoCentral (www.geocentral.com)

Descripción muy clara del negocio. Su humor es atractivo.	Generar un show de alimentos divertido y excéntrico para la formación de consorcios bancarios de financiamiento a escala nacional en donde haremos la labor diaria de cocinar la cena más sencilla, con recetas bajas en grasa y, sobre todo, con cucharones de risas. Queremos que se nos conozca como la Joan Rivers de la cocina. The ShortCut Cooks…
Personal, con declaraciones importantes de los elementos clave.	California Knits es una empresa creativa y llena de esencia que ofrece: • Ropa vibrante, única y cómoda como parte para las mujeres. • Diseños especiales para clientes individuales. • Capacitación y apoyo de la próxima generación de artistas en máquinas de tejer. California Knits
Concisa. Declaraciones importantes relacionadas con lugar, productos y clientes.	Construir una compañía de muebles exitosa local que se especializa en ofrecer muebles a precios competitivos con un servicio superior a compañías con 10 a 50 empleados. Custom Business Interiors
Descripción clara del negocio. Un producto descrito de manera elegante, pero amistoso y que invita a su uso.	Fabricar y distribuir, a escala nacional, crepas increíblemente deliciosas, listas para servirse al instante, para toda ocasión, de las más elegantes a las más informales. Crepes dianne
Concisa. Definición sólida del negocio.	En el norte de California, convertirse en una empresa de servicios domésticos completos y compañía líder en el mantenimiento industrial y municipal de tuberías/alcantarillas. Sanact Inc. (dba Roto Rooter) (www.sanact.com)
¡Concisa, clara y poderosa!	Lograr que Design Media sea reconocida como el líder mundial basado en la web, de sistemas de capacitación y educación. Design Media (www.designmedia.com)
Corta y poderosa. Provoca el deseo de saber más.	Llegar a ser reconocido como el líder en juguetes y juegos de entretenimiento y educativos. DaMert Company (www.damert.com)

. . . . ¡que funcionan!

RETROALIMENTACIÓN
e j e r c i c i o

 Tómese unos días para reflexionar en las tres declaraciones de visión que escribió en la página 33. Después, compártalas con sus amigos o socios. Utilice esta página para tomar notas e incorporar su retroalimentación a su declaración de visión. ⧖ 60 minutos. 30 minutos por persona.

Retroalimentación de la primera persona

Retroalimentación de la segunda persona

_____
_____
_____
_____
_____
_____
_____
_____
_____
_____

Escriba aquí las palabras y frases clave anteriores o de otras fuentes que le gustaría usar en su propia declaración de visión:

Vuelva a escribir su declaración de visión en el espacio. Recuerde usar su propio estilo para describirla y elija palabras con las que se sienta cómodo

Declaración de Visión

Ahora, vuelva a escribir la Declaración de Visión una vez más en la plantilla de Word de El Plan de Negocios en una Página proporcionada en el CD al trasero de este libro.

Una Declaración de Misión que funciona:

La misión de DaMert Company es crear productos CLÁSICOS FUTUROS que capturen... las maravillas del mundo que nos rodea, la magia de nuestra imaginación, la chispa de la innovación dentro de cada uno y los misterios del futuro.

Da Mert Company (una empresa internacional de juguetes y regalos)

Declaración de Misión

¿Por qué existe este negocio?

Las declaraciones de misión siempre responden a una pregunta: "¿Por qué los clientes van a comprar este producto o servicio?"

La declaración de misión describe el propósito por el cual su producto, servicio o negocio existe. Las buenas declaraciones de misión son breves y fáciles de recordar. Comunican, en unas cuantas palabras, el enfoque de la compañía y lo que se está ofreciendo a los clientes. Siempre responden a esta pregunta, "¿por qué los clientes van a adquirir este producto o servicio?"

En la actualidad existe una tendencia a hacer declaraciones de misión muy claras y enfocadas. Por lo general, sólo unas cuantas palabras describen la esencia de la empresa; por ejemplo, el Just Do It de Nike, o Confiabilidad Total, Sin límites de Tandem Computers, o El Mundo a Tiempo de FEDEX, son poderosas declaraciones sobre su misión. Si bien estos ejemplos comúnmente se consideran una especie de remate (como el de un chiste) o el lema de una compañía, transmiten mucho acerca de estas compañías en unas cuantas palabras, y eso es lo que debe hacer una buena declaración de misión. Las declaraciones iniciales probablemente serán de varias oraciones, pero trate de hacerlas concisas y darles fuerza.

La declaración de misión también es un compromiso y una promesa; pregúntese, "¿qué se compromete su empresa a dar a sus clientes o usuarios?" ¿Bajo qué circunstancias reembolsaría usted el dinero a sus clientes y se disculparía por no cumplir con lo que prometió? ¿Qué estaría dispuesto a hacer para desagraviar a un cliente insatisfecho?

Las respuestas a estas preguntas pueden ayudarle a entender por qué existe su negocio, así que tómelas muy en cuenta.

Los negocios exitosos equilibran el cubrir las necesidades de sus clientes con el cubrir sus propias necesidades. Este equilibrio es muy delicado, pero debe lograrse a fin de que el negocio tenga éxito. El no poder definir tanto las necesidades de sus clientes como las de usted puede sacar de balance la ecuación del negocio, y estar "fuera de balance" finalmente puede traducirse en "fuera del negocio" o en estar en uno que no le gusta, quiere ni entiende.

Las declaraciones de misión no tienen que ver con el dinero. Incluya las metas financieras en su declaración de visión y cuantifíquelas en los objetivos, pero déjelas fuera de la declaración de misión. Perseguir una idea principalmente para satisfacer la necesidad de dinero, por lo general da como resultado un negocio poco satisfactorio.

Las declaraciones de misión deben reflejar el compromiso y la pasión del propietario. Cuando el negocio satisface la pasión de su dueño por la creatividad, la independencia o la necesidad de servir a los demás, hay sustancia y una fuerza constante en la misión. Con una misión clara, usted tendrá las bases necesarias para superar los tiempos difíciles, pero si sus cimientos no son buenos, puede usted abandonar la compañía cuando el mar esté agitado.

Lluvia de ideas
EJERCICIO

Su Misión...

Use estas preguntas para explicar por qué su negocio va a tener éxito. Registre sus pensamientos usando palabras clave y frases cortas.

1 ¿Cuál es el producto o servicio? ¿Qué le diferencia de la competencia?

2 Describa a su cliente ideal.

¿Qué tiene para su cliente y para usted?

❸ ¿Por qué los clientes van a comprar su producto o servicio? ¿Qué valor ofrece al cliente su producto o servicio? ¿Qué beneficios únicos le proporciona?

❹ ¿Qué pasión(es) está usted tratando de satisfacer al construir este negocio? ¿Qué creencias tiene acerca del negocio que van a impactar en él? ¿Cuál es el bien mayor que puede alcanzar este negocio? ¿Qué valores lo van a impulsar? ¿Quién se beneficiará de él?

EJERCICIO DE
entrevista

La persona que hace las preguntas, anota las respuestas en la columna de la izquierda. Mientras usted le pide que vuelva a decir lo que esa persona escuchó que dijo usted, escriba sus notas en la columna de la derecha. ⏳ 30 minutos.

El Entrevistador

¿Por qué los clientes van a comprar su producto o servicio?

¿Qué se compromete su empresa a dar al cliente?

¿Qué puede prometer su compañía?

¿Qué pasión(es) está usted tratando de satisfacer on la construcción de este negocio?

Usted

Respuesta re-enunciada

Respuesta re-enunciada

Respuesta re-enunciada

Respuesta re-enunciada

Cómo crear su Declaración de Misión

Federal Express existe exclusivamente por una razón: Entregas de un día para otro.

Experimente con 8 a 10 palabras que describan por qué existe su compañía desde el punto de vista de un cliente. Registre su estrategia de mercadotecnia competitiva o su propuesta de ventas única.

1er Intento:

Ayudamos a _____ _____
    (los que reciben sus servicios)   (meta o beneficio de sus servicios)

2^{ndo} Intento

_____.

3^{ero} Intento

_____.

¿La misión apoya su visión?

Ejemplos de Declaraciones de Misión

¡Lo que funciona!

Nuestra misión es ayudar a rescatar a las personas del trabajo pesado de la cocina.

The ShortCut Cooks (productores de un programa cómico de cocina de media hora)

Breve, divertido y directo al grano.

¡Nuestra misión es llevar sus ideas a la pantalla!

Video Arts, Inc., (compañía productora de videos ganadora de un premio Emmy)

¡Declaración concisa de por qué existe esta compañía!

Buscamos al empleado correcto para el éxito de su negocio.

Tech Search (pequeña empresa caza talentos)

Declaración clara del propósito del negocio.

La misión de AUL es cuidar a la gente y sus intereses financieros. AUL le brinda paz mental al proteger a sus clientes del riesgo de pérdida que puede causar la muerte prematura, la enfermedad, la discapacidad o superar sus recursos financieros después del retiro.

American United Life Insurance Company

Esta compañía se preocupa por la gente, y su misión explica cómo les ayuda.

Transformamos la palabra hablada en palabra escrita con toda integridad.

Jack London Court Reporters (pequeña empresa de transcripción en los tribunales)

Pocas palabras que hacen una declaración poderosa acerca de su negocio.

Salud basada en el estudio y apoyada por actos de amabilidad personal.

University of California, San Francisco (universidad líder en el servicio médico)

Poderoso mensaje para todos. La primera declaración de misión ocupó varias páginas.

¡Lo que no funciona!

Seremos una da las compañías premier del mundo, distintivas y exitosas en todo lo que hacemos.

AlliedSignal, Inc., (fabricante multinacional de materiales para las industrias automotora y del espacio aéreo)

Estilo común y corporativo. No motiva; podría ser cualquier empresa.

Producir autos y camiones que la gente querrá comprar, disfrutará conducir y querrá volver a comprar.

Chrysler Corporation

Simple y directo, pero podría ser más inspirador.

Exceder las expectativas de nuestros clientes a través de la prestación de un servicio superior y mejoras continuas en la calidad que compensan a nuestros empleados y aumentan el valor de la inversión de nuestros accionistas.

Total System Services, Inc., (compañía de procesamiento de tarjetas de crédito)

No se puede recordar. Podría ser cualquier empresa.

Producimos y suministramos electricidad, además de que brindamos productos y servicios relacionados, y buscamos oportunidades que complementen nuestro negocio. Continuamente mejoramos nuestros productos y servicios para cubrir siempre las expectativas y necesidades de nuestros clientes, ayudando a nuestros consumidores, empleados, dueños y comunidades a prosperar.

Duke Power Company

Demasiado largo, no inspira. Lleno de trivialidades. Podrían ser muchas compañías eléctricas.

Otras Declaraciones de Misión..........

Hecho personalmente como usted lo quiere.

Una compañía de artesanía especializada y sobre pedido.

El propósito de Bay Area Entrepreneur Association es proporcionar: educación, sistema de redes y apoyo para empresarios nuevos, prospectos y experimentados en el área de la Bahía de San Francisco.

Bay Area Entrepreneur Association

Le ayudamos a salir de la cama sintiéndose bien para poder vivir el día como usted quiere.

East West Healing Arts Center

¡Reunimos a los autores con los libros!

Cody's Books

Hacemos por la familia lo que nadie ha hecho.

Crime Site Cleanup Company

Confiabilidad total. Sin límites.

Tandem Computers

Nos movemos a la velocidad del negocio.

United Parcel Service

Tiene que ver con la comunicación entre personas... el resto es mera tecnología.

Ericsson (compañía global de telecomunicaciones)

Dar color, luz y belleza revitalizante con ropa cómoda y de fibras naturales.

California Knits

Conservamos los últimos lugares más hermosos de la Tierra...

The Nature Conservancy

Dar a las compañías en crecimiento una sola fuente de compra del mobiliario de oficina con la ayuda de un experto que sabe crear diseños funcionales, flexibles y de costo eficaz.

Custom Business Interiors

Ayúdenos a perder peso. Recicle cada dos meses.

Sacramento Waste Management

Llevamos a su casa el sabor de la India.

Bhurji Indian Grocery Store

¡Llevamos luz, aire y la belleza de la naturaleza a su hogar a través de ventanas creativas!

Colorado Garden Window Company

Establecer Creativity Café como la Nueva Escuela para el Próximo Milenio. Inspirar y facultar al público tanto en el ciberespacio como en las comunidades del mundo, ofreciéndole acceso fácil a la tecnología y la instrucción, y creando experiencias que nos inspiran y nos educan para ser mejores seres humanos.

Creativity Cafe™

Ayudar a la gente a ver mejor, una hora a la vez.

LensCrafters

. . . . ¡que funcionan!

RETROALIMENTACIÓN
e j e r c i c i o

⇨ Revise las declaraciones de misión que escribió en la p. 43 y los ejemplos de las pp. 44 y 45. ¿Es muy larga la suya? ¿Poco clara? Depure su declaración de misión en el espacio incluido y luego coméntela con dos personas. Aproveche su retroalimentación para terminar la versión final. ⧖ 60 minutos. 30 minutos por persona.

Utilice los ejemplos de las páginas anteriores para depurar su declaración de misión:

Retroalimentación de la primera persona

Retroalimentación de la segunda persona

46   Declaración de Misión

Vuelva a escribir su declaración de misión en el espacio. Experimente con diferentes adjetivos y verbos. Puede servir pasar a otra sección y después volver a resumir su declaración de misión.

El Plan de Negocios en una Página

- visión
- misión
- objetivos
- estrategias
- planes

Declaración de Misión

_____

_____

_____

_____

_____

_____

Ahora, vuelva a escribir la Declaración de Misión una vez más en la plantilla de Word de El Plan de Negocios en una Página proporcionada en el CD al trasero de este libro.

Objetivos que funcionan:

Objetivos para 2016 de una compañía de ropa deportiva...

Incrementar las ventas a $5.5 millones en 2016 , $7.0 millones en 2017, y $9.0 millones en 2018.

Alcanzar ganancias, antes de impuestos, de $480,000 en 2016, aumentar a 10% de las ventas en 2017.

Introducir unos 15 productos nuevos en 2016, alcanzar ventas por $750,000.

Aumentar el número de las cuentas existentes con un volumen mayor a los $100 millones, de 8 el año pasado a 15 en 2016.

Asegurar los acuerdos de licencia de dos productos mayores: NBA y NFL para el 30/6/2016.

Reducir los gastos de embarque al 3% de las ventas, comenzando en el primer trimestre.

Administrar el inventario en forma agresiva a los niveles presupuestados, mantener el inventario activo en 93%.

Reducir el exceso de tiempo a 3% de las horas totales de manufactura.

Los Objetivos

¿Cuáles resultados va a medir?

Los objetivos establecen de forma clara lo que usted está tratando de lograr en metas específicas y que se pueden medir. Para que un objetivo sea eficaz, tiene que ser una meta bien definida, con elementos cuantificables que sean mensurables.

Zig Ziglar, un orador motivacional de fama mundial, dice que para poder alcanzar las metas que son importantes, debemos convertirnos en un específico significativo. Los específicos significativos son aquellos individuos que saben lo que quieren lograr en términos específicos y tienen metas y esquemas de tiempo escritos como una ayuda para alcanzarlas. Las personas que tienen ideas vagas, sin fechas meta, nunca llegan a la línea de Meta. Zig se refiere a ellas como generalidades errantes.

Si bien su declaración de misión es expansiva e idealista, y la declaración de misión es breve, poderosa y memorable, además de orientada al cliente, sus objetivos se diseñan para enfocar los recursos en el logro de resultados específicos. El propósito de un objetivo bien definido es provocar una acción significativa.

Hay muchos tipos de objetivos, y su plan debe incluir una amplia variedad. Para muchos negocios, las dos categorías más importantes serán los objetivos financieros y de mercadotecnia. Sin embargo, es importante confeccionar sus objetivos de manera que cubran todo el alcance de su negocio, concentrándose en las metas que sean más críticas para su éxito. Si bien no hay objetivos mágicos ni un número preciso de ellos, el Plan de Negocios en una Página® puede aceptar entre ocho y nueve. Si usted tiene un objetivo para los ingresos, la rentabilidad, dos o tres para la mercadotecnia, eso deja cuatro o cinco para cubrir las áreas de fabricación, operaciones, personal y otros objetivos importantes que son vitales para el éxito.

Haga que sus objetivos no dejen de ser significativos haciéndolos específicos e importantes. Uno de los aspectos más poderosos del Plan de Negocios en una Página® es la cantidad limitada de espacio. Esto requiere ordenar las cosas por prioridades y ser selectivos para obtener una lista de sólo las metas más importantes.

Los ejercicios incluidos en esta sección se diseñan para ayudarle a analizar los objetivos que son importantes para su negocio. Los ejercicios se enfocan en sus fracasos y éxitos pasados, porque son una gran fuente de ideas para crear metas, y los ejemplos tienen la intención de demostrar cómo construir objetivos fuertes.

Recuerde crear objetivos que puedan medirse, y luego medir los resultados a lo largo del año. Los objetivos son una de las principales herramientas para la responsabilidad. ¡Manténgase enfocado y en el camino!

"Los específicos significativos son aquellos individuos que saben lo que quieren lograr en términos muy específicos, y tienen metas y esquemas de tiempo escritos como una ayuda para alcanzarlas."

Lluvia de ideas
EJERCICIO

¿Qué logros quiere celebrar?...

Piense en tres logros de negocio que le gustaría celebrar al final de éste y del próximo año.

¿...este año?

¿...el próximo año?

Imagine lo que diría en la cena de celebración de la empresa:

¡FELICIDADES!

"Logramos terminar (____)"

"Estamos orgullosos de anunciar el comienzo de (____)."

"Ya no tenemos que ver con (____) porque logramos (____)"

"Hemos crecido de (____) a (____)"

"Hemos reducido de (____) a (____)"

Lluvia de ideas
EJERCICIO

¿De dónde viene el éxito?
¿Cómo se ve?

☞ Piense en sus experiencias pasadas, lo que aprendió de ésta y responda las preguntas de la columna izquierda. Imagine cómo se verá su éxito futuro y responda las preguntas de la columna derecha.

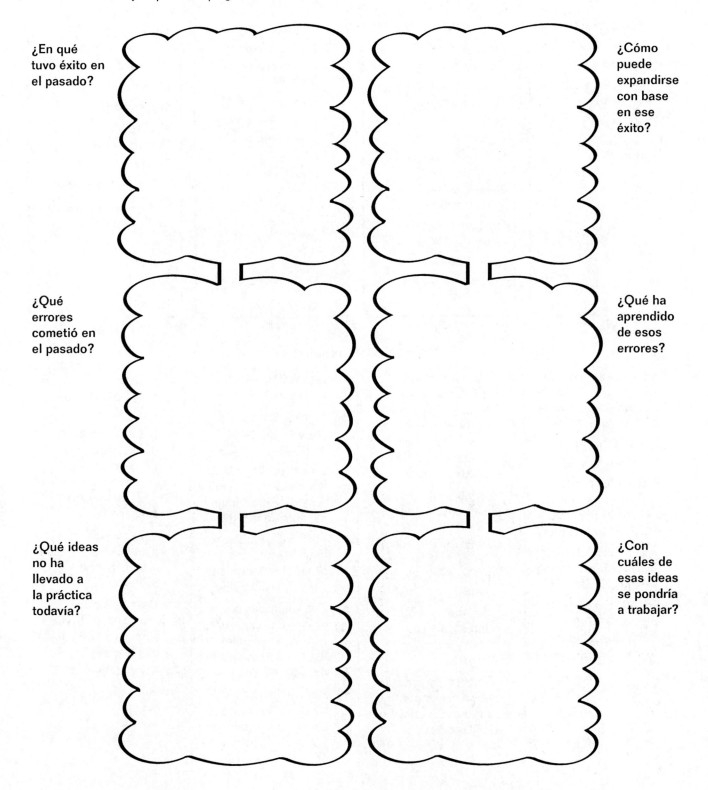

¿En qué tuvo éxito en el pasado?

¿Cómo puede expandirse con base en ese éxito?

¿Qué errores cometió en el pasado?

¿Qué ha aprendido de esos errores?

¿Qué ideas no ha llevado a la práctica todavía?

¿Con cuáles de esas ideas se pondría a trabajar?

¿De dónde viene el éxito? ¿Cómo se ve?

Revise por lo menos seis de los siguientes objetivos que sean críticos para su negocio. Revise todos los que pueda de cada categoría, que considere apropiados y agregue los suyos si es necesario.

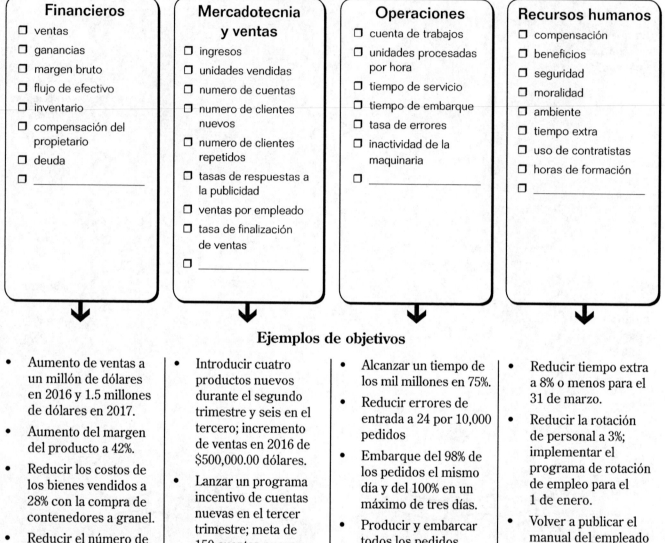

Financieros

- ☐ ventas
- ☐ ganancias
- ☐ margen bruto
- ☐ flujo de efectivo
- ☐ inventario
- ☐ compensación del propietario
- ☐ deuda
- ☐ _____

Mercadotecnia y ventas

- ☐ ingresos
- ☐ unidades vendidas
- ☐ numero de cuentas
- ☐ numero de clientes nuevos
- ☐ numero de clientes repetidos
- ☐ tasas de respuestas a la publicidad
- ☐ ventas por empleado
- ☐ tasa de finalización de ventas
- ☐ _____

Operaciones

- ☐ cuenta de trabajos
- ☐ unidades procesadas por hora
- ☐ tiempo de servicio
- ☐ tiempo de embarque
- ☐ tasa de errores
- ☐ inactividad de la maquinaria
- ☐ _____

Recursos humanos

- ☐ compensación
- ☐ beneficios
- ☐ seguridad
- ☐ moralidad
- ☐ ambiente
- ☐ tiempo extra
- ☐ uso de contratistas
- ☐ horas de formación
- ☐ _____

Ejemplos de objetivos

Financieros

- Aumento de ventas a un millón de dólares en 2016 y 1.5 millones de dólares en 2017.
- Aumento del margen del producto a 42%.
- Reducir los costos de los bienes vendidos a 28% con la compra de contenedores a granel.
- Reducir el número de días por cobrar de 48 a 35 para el 30 de junio.
- Reducir el gasto de interés en 20% al renegociar las notas de largo plazo.

Mercadotecnia y ventas

- Introducir cuatro productos nuevos durante el segundo trimestre y seis en el tercero; incremento de ventas en 2016 de $500,000.00 dólares.
- Lanzar un programa incentivo de cuentas nuevas en el tercer trimestre; meta de 150 cuentas nuevas que generen $20,000 al mes.
- Mejorar las ventas por empleado a $120,000 por trimestre para el 31 de mayo.
- Obtener una cuanta nueva mayor por trimestre, que genere $150,000.00 dólares al año.

Operaciones

- Alcanzar un tiempo de los mil millones en 75%.
- Reducir errores de entrada a 24 por 10,000 pedidos
- Embarque del 98% de los pedidos el mismo día y del 100% en un máximo de tres días.
- Producir y embarcar todos los pedidos especiales dentro de cinco días laborales.
- Consolidarnos de cinco a dos almacenes para el 30 de junio; lograr ahorros anuales de $500,000 dólares.
- Reducir los costos del trabajo del servicio al cliente por pedido un 5% para el 31 de marzo de 2016.

Recursos humanos

- Reducir tiempo extra a 8% o menos para el 31 de marzo.
- Reducir la rotación de personal a 3%; implementar el programa de rotación de empleo para el 1 de enero.
- Volver a publicar el manual del empleado actualizado para el 30 de junio.
- Desarrollar un programa de becas para los hijos de los empleados para el 1 de septiembre.

Use los ejemplos de los objetivos siguientes para decidir qué tipos de objetivos son más importantes.

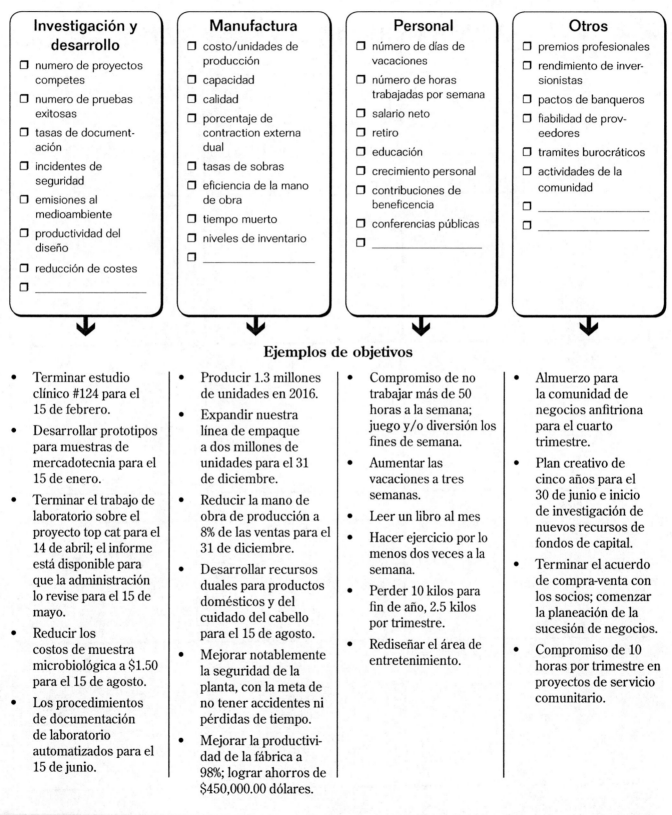

Investigación y desarrollo

- ☐ numero de proyectos competes
- ☐ numero de pruebas exitosas
- ☐ tasas de documentación
- ☐ incidentes de seguridad
- ☐ emisiones al medioambiente
- ☐ productividad del diseño
- ☐ reducción de costes
- ☐ _____

Manufactura

- ☐ costo/unidades de producción
- ☐ capacidad
- ☐ calidad
- ☐ porcentaje de contraction externa dual
- ☐ tasas de sobras
- ☐ eficiencia de la mano de obra
- ☐ tiempo muerto
- ☐ niveles de inventario
- ☐ _____

Personal

- ☐ número de días de vacaciones
- ☐ número de horas trabajadas por semana
- ☐ salario neto
- ☐ retiro
- ☐ educación
- ☐ crecimiento personal
- ☐ contribuciones de beneficencia
- ☐ conferencias públicas
- ☐ _____

Otros

- ☐ premios profesionales
- ☐ rendimiento de inversionistas
- ☐ pactos de banqueros
- ☐ fiabilidad de proveedores
- ☐ tramites burocráticos
- ☐ actividades de la comunidad
- ☐ _____
- ☐ _____

Ejemplos de objetivos

- Terminar estudio clínico #124 para el 15 de febrero.
- Desarrollar prototipos para muestras de mercadotecnia para el 15 de enero.
- Terminar el trabajo de laboratorio sobre el proyecto top cat para el 14 de abril; el informe está disponible para que la administración lo revise para el 15 de mayo.
- Reducir los costos de muestra microbiológica a $1.50 para el 15 de agosto.
- Los procedimientos de documentación de laboratorio automatizados para el 15 de junio.

- Producir 1.3 millones de unidades en 2016.
- Expandir nuestra línea de empaque a dos millones de unidades para el 31 de diciembre.
- Reducir la mano de obra de producción a 8% de las ventas para el 31 de diciembre.
- Desarrollar recursos duales para productos domésticos y del cuidado del cabello para el 15 de agosto.
- Mejorar notablemente la seguridad de la planta, con la meta de no tener accidentes ni pérdidas de tiempo.
- Mejorar la productividad de la fábrica a 98%; lograr ahorros de $450,000.00 dólares.

- Compromiso de no trabajar más de 50 horas a la semana; juego y/o diversión los fines de semana.
- Aumentar las vacaciones a tres semanas.
- Leer un libro al mes
- Hacer ejercicio por lo menos dos veces a la semana.
- Perder 10 kilos para fin de año, 2.5 kilos por trimestre.
- Rediseñar el área de entretenimiento.

- Almuerzo para la comunidad de negocios anfitriona para el cuarto trimestre.
- Plan creativo de cinco años para el 30 de junio e inicio de investigación de nuevos recursos de fondos de capital.
- Terminar el acuerdo de compra-venta con los socios; comenzar la planeación de la sucesión de negocios.
- Compromiso de 10 horas por trimestre en proyectos de servicio comunitario.

Ejercicio de
ENFOQUE

¿Qué debe lograr este negocio?

👉 Revise las ideas de objetivos que marcó usted en las dos páginas anteriores. Elija cuatro de ellas y responda las preguntas de cada una.

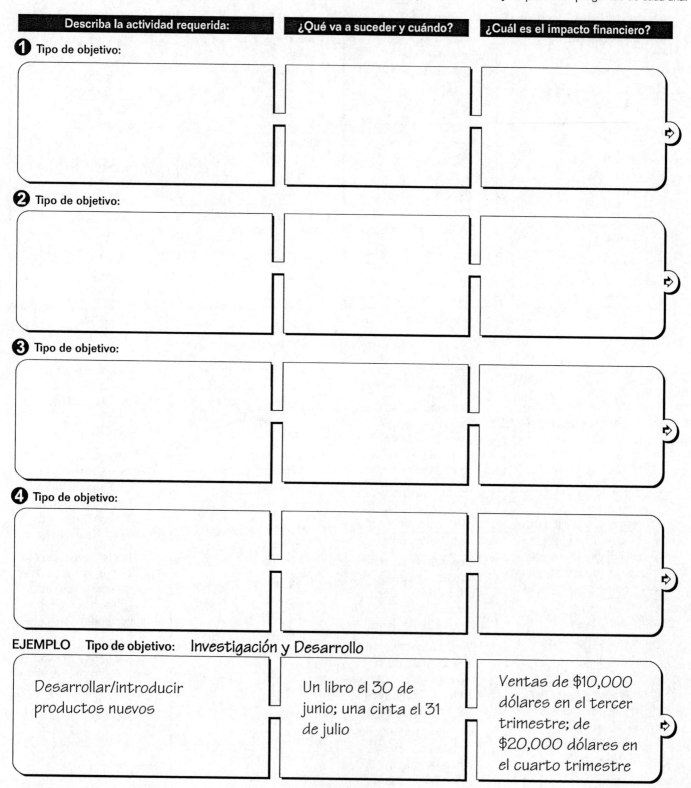

Describa la actividad requerida:	¿Qué va a suceder y cuándo?	¿Cuál es el impacto financiero?
1 Tipo de objetivo:		
2 Tipo de objetivo:		
3 Tipo de objetivo:		
4 Tipo de objetivo:		

EJEMPLO Tipo de objetivo: Investigación y Desarrollo

Desarrollar/introducir productos nuevos	Un libro el 30 de junio; una cinta el 31 de julio	Ventas de $10,000 dólares en el tercer trimestre; de $20,000 dólares en el cuarto trimestre

Cómo crear objetivos significativos

Ahora, vuelva a escribir los objetivos a la izquierda en frases u oraciones que combinen sus respuestas de las cuatro columnas. Los dos primeros objetivos siempre serán ingresos de ventas y rentabilidad.

Objetivo de ingresos por ventas:

Objetivo de rentabilidad:

①

②

③

④

¿Cumplir estos objetivos logrará su visión y su misión?

Ejemplo:

Presentar un libro para el 30 de junio y una audio cinta para el 31 de julio, para tener unas ventas de $30,000 dólares en 2016.

Ejemplos de objetivos

¡Lo que funciona!		¡Lo que no funciona!	
Aumentar 25% las ventas, a 4 millones en 2016; 5 millones en 2017, y 6.3 millones en 2018.	Específico, mensurable.	Desarrollar un negocio sustentable; minimizar picos y valles.	No es específico. No hay forma de medir.
Obtener el "Oracle llamado Estado de Cuenta" en julio de 2016; SunMicro estado de cuenta clave para fin de año. Bob Smith.	¡Medible, fácil de entender, responsabilidad asignada!	Desarrollar alianzas de mercadotecnia estratégicas con los socios clave.	No es específico. ¿Cuáles socios y cuándo se va a lograr qué?
Introducir una nueva línea para el cuidado del cabello, en el primer trimestre, con ventas estimadas de $250,000.00 dólares para 2016; línea para el cuidado de la piel en el tercer trimestre, con ventas estimadas de $100,000.00 dólares para 2016.	Mensurable, específico, impacto financiero conocido.	Desarrollar e introducir productos nuevos para hacer crecer el negocio.	Vago. Hay que señalar el tipo de productos, cuántos y el impacto financiero.
Aumentar el margen global del producto a 40% reduciendo los descuentos en las cuentas por bajo volumen a 3%; implementar un margen mínimo de productos nuevos de 45%.	Establece el objetivo y cómo se va a alcanzar.	Mejorar la rentabilidad y el flujo de efectivo para apoyar el crecimiento del negocio.	Necesita cuantificarse.
Reducir el tiempo extra a un máximo de 3%; introducir 401 mil para el 30 de junio; implementar el programa de reconocimiento para el 30 de septiembre.	Explica cómo se va a implementar el programa de reconocimiento y cuando.	Mejorar la moral de los empleados.	No hay forma de medirlo. No se hace ninguna declaración del trabajo.
Reducir el inventario a $950,000.00 para el 30 de septiembre de 2016; mantener la materia prima 15 meses; bienes terminados dos meses.	Metas claras y mensurables.	Reducir los niveles de inventario.	No habla del resultado que se busca. Podría causar otros problemas.

resumir

Lea sus declaraciones de visión y misión nuevamente, y vuelva a escribir sus objetivos en el espacio. Pregúntese otra vez si estos objetivos lograrán sus declaraciones de visión y de misión.

Objetivos

El Plan de Negocios en una Página

visión

misión

objetivos

estrategias

planes

Ahora, vuelva a escribir los Objetivos una vez más en la plantilla de Word de El Plan de Negocios en una Página proporcionada en el CD al trasero de este libro.

Estrategias para el siglo 21...

El precio no lo es todo

Muchos clientes están dispuestos a hacer pagos extra por recibir el servicio de un personal servicial y bien capacitado. Pregunte a Nordstrom.

Atraer a los mejores empleados y darles una parte en el negocio

Proporcionar a los empleados un interés en la forma como se desempeña la compañía. Intel lo hace.

Pensamiento ágil

Particularmente en el mundo de la alta tecnología, movernos y evolucionar rápido. Aprenda de Netscape.

Ejecución superior

Un plan bien ejecutado para un producto sencillo podrá abatir la mala implementación de un buen producto todos los días.

Déjese ver, sea un buen recurso

Escriba artículos, boletines, libros, páginas web. Hable ante cualquier grupo que quiera escucharle. Ofrezca su tiempo y experiencia de manera voluntaria siempre que pueda.

No trate de hacerlo todo

Especialícese en lo que haga mejor. Contrate u olvide el resto.

Las estrategias

¿Cómo va a hacer crecer y administrar el negocio?

"Seguir una serie de estrategias previamente definidas es de vital importancia para mantener un negocio en el camino."

Las estrategias marcan la dirección, la filosofía, los valores y la metodología para construir y manejar su empresa. También establecen las pautas y fronteras para evaluar las decisiones importantes del negocio. Seguir una serie de estrategias previamente definidas es de vital importancia para mantener un negocio en el camino.

Una forma de entender las estrategias es pensar en ellas como "prácticas de la industria". Todas las industrias tienen sus líderes, sus seguidores y sus opositores, y cada una cuenta con un método para capturar su participación de mercado. Preste atención a los negocios exitosos en su industria y podrá aprender lecciones muy importantes, y si se pierde de una de esas leccio.

Las estrategias no son secretas. De hecho, son bien conocidas y compartidas de manera abierta en todas las industrias. Tome alguna publicación de cualquier industria y sabrá precisamente lo que sus líderes tienen que decir acerca de las oportunidades y cómo sacar provecho de ellas. Estos líderes también van a compartir sus problemas y soluciones actuales. Ésta es información trascendental para que usted construya y administre su negocio.

En casi todas las industrias hay de cuatro a seis estrategias principales que siguen los negocios de éxito, las cuales son fáciles de entender, permanecen relativamente constantes con el paso del tiempo, las usan los líderes en el mercado y dan como resultado crecimiento y rentabilidad.

Las grandes declaraciones de estrategia pueden ser amplias y crear un enfoque tremendo. Cuando usted tenga las estrategias correctas para su negocio, probablemente duren varios años con cambios menores. Un avance importante en su industria, o un cambio significativo en su negocio pueden, desde luego, provocar que usted vuelva a analizar sus estrategias.

Una serie de estrategias construidas de manera apropiada habrá de definir su negocio y mantenerlo enfocado. Por ejemplo, un CPA cuya visión sea construir una práctica local, estaría totalmente fuera de camino si acepta clientes internacionales que le hagan salir del país en viajes largos. Una boutique exclusiva con clientes objetivos de altos ingresos no estaría teniendo una buena estrategia si se ubica cerca de un K-Mart. Un producto de mano de obra intensiva con márgenes bajos probablemente no debe hacerse en la ciudad de Nueva York.

Las estrategias deben abordar las influencias tanto internas como externas que están afectando o pueden afectar su negocio. Las estrategias externas aprovechan las oportunidades para hacer crecer su compañía o vencer las amenazas externas. Por su parte, las estrategias internas abordan asuntos relacionados con los puntos fuertes y débiles del negocio en las áreas de cultura, capacidades, eficiencia y rentabilidad.

Las estrategias responden a esta pregunta: "¿Qué hará que este negocio tenga éxito con el tiempo?"

Lluvia de ideas
EJERCICIO

Elementos Clave Para Construir su Negocio

↳ Marque los cuadros que representen los temas críticos para hacer crecer y operar su negocio. Recuerde sus objetivos mientras elige, y siéntase en libertad de añadir a la lista los aspectos que usted quiera.

- ☐ Presencia en el mercado
- ☐ Empleados
- ☐ Canal de distribución
- ☐ Referencias
- ☐ Socios
- ☐ Servicios de soporte compartidos
- ☐ Costo del producto
- ☐ _____
- ☐ _____

- ☐ Singularidades del producto
- ☐ Conocimiento técnico
- ☐ Marcas registradas/ Patentes
- ☐ Servicio al cliente
- ☐ Junta de asesores
- ☐ Administración del tiempo

- ☐ Flujo de efectivo
- ☐ Imagen corporativa
- ☐ Reputación
- ☐ Clientes clave
- ☐ Calidad
- ☐ Habilidades de otras personas
- ☐ Capital

- ☐ Aceptación comercial de la industria
- ☐ Ubicación
- ☐ Visibilidad
- ☐ Número de cuentas
- ☐ Tecnología/Equipo
- ☐ Soporte familiar/ Finanzas
- ☐ Alianzas estratégicas

Decida cuáles estrategias son apropiadas para su negocio

Encontrar las estrategias apropiadas para su negocio no es difícil, pues ya hay mucha información a su alcance de manera gratuita o a un costo mínimo, y elegir las estrategias que puede seguir tampoco es difícil.

¿En dónde encuentra estrategias específicas para su negocio? Las publicaciones comerciales, los diarios locales de negocios y en las revistas nacionales de negocios, son lugares estupendos por donde puede empezar. Estas publicaciones cuentan con artículos actuales sobre las tendencias de la industria en las áreas críticas de mercadotecnia, finanzas y operaciones. Por lo general son breves, concisas y están escritas por expertos en la industria. Describen los problemas y oportunidades que la industria está enfrentando, así como las soluciones que las empresas están implementando. Un análisis del contenido de los últimos ejemplares seguramente le proporcionará una perspectiva sólida de lo que es importante en su industria y de qué manera las compañías líderes están planificando su futuro.

Si usted está iniciando un negocio, tendrá acceso a cierta información importante que querrá considerar seriamente antes de proceder. De igual forma, si se trata de un negocio nuevo, y requiere fondos, puede estar seguro de que el prestamista querrá saber cómo planea abordar estas cuestiones.

Otras personas que conocen su negocio, pueden ser muy útiles para identificar y seleccionar estrategias. Su banquero, CPA, abogado, vendedores y empleados tienen un gran conocimiento de su negocio. Pida sus opiniones.

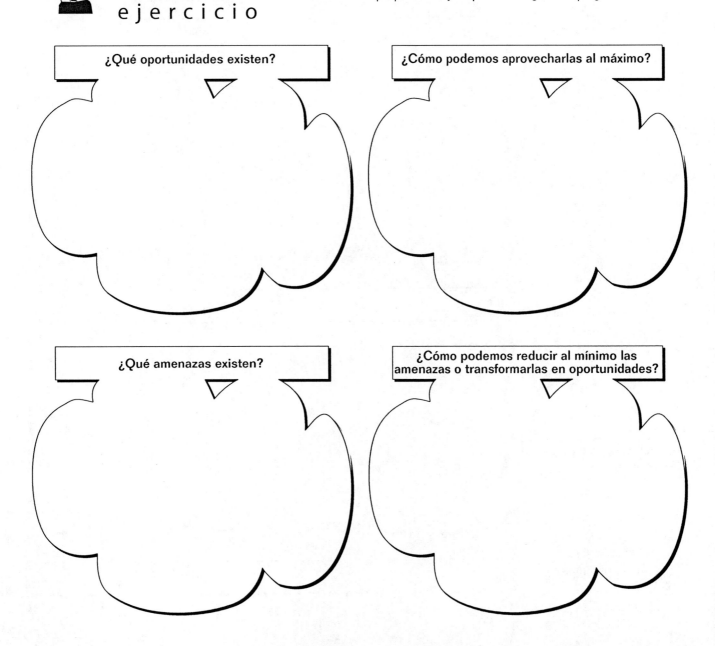

Ejercicio de Investigación
Oportunidades y Amenazas

INVESTIGACÍON
e j e r c i c i o

Revise los tres últimos reactivos de la publicación de la cámara comercial de la industria a la que pertenece y responda las siguientes preguntas.

¿Qué oportunidades existen?

¿Cómo podemos aprovecharlas al máximo?

¿Qué amenazas existen?

¿Cómo podemos reducir al mínimo las amenazas o transformarlas en oportunidades?

Ejemplos de aspectos de la industria

fijación de precios	ambiente	economía	impuestos
clientes	mercado	tecnología	normas de importación/
proveedores	competencia	medios	exportación
reducción de costos	gobierno	el público	

¿Quiénes son sus clientes?

Haga una lista y describa hasta tres categorías de sus **MEJORES CLIENTES.**

☞ Use las siguientes palabras para hacer las descripciones de sus clientes:

edad
sexo
ingresos
ocupación
educación
lenguaje
tamaño de la familia
países
regiones
tamaño de las ciudades
clase social
estilo de vida
personalidad
frecuencia de compra
propósito de compra
lealtad de marca
hábitos
pasatiempos

Use las siguientes palabras para promover y hacer ventas a sus clientes:

talleres
asociaciones
diarios
correo directo
agencias de empleo
referencias
sociedades
Internet
minoristas locales
televisión
radio
telemercadotecnia
revistas
oratoria
oficinas de gobierno
publicaciones comerciales

❶

❷

❸

¿Cómo les va a promover y a venderles?

¿Dónde/cómo adquieren su producto estos clientes? ¿Dónde/cómo los van a comprar en el futuro?

¿Cómo planea usted **PROMOVER** sus productos o servicios a estas tres categorías de clientes?

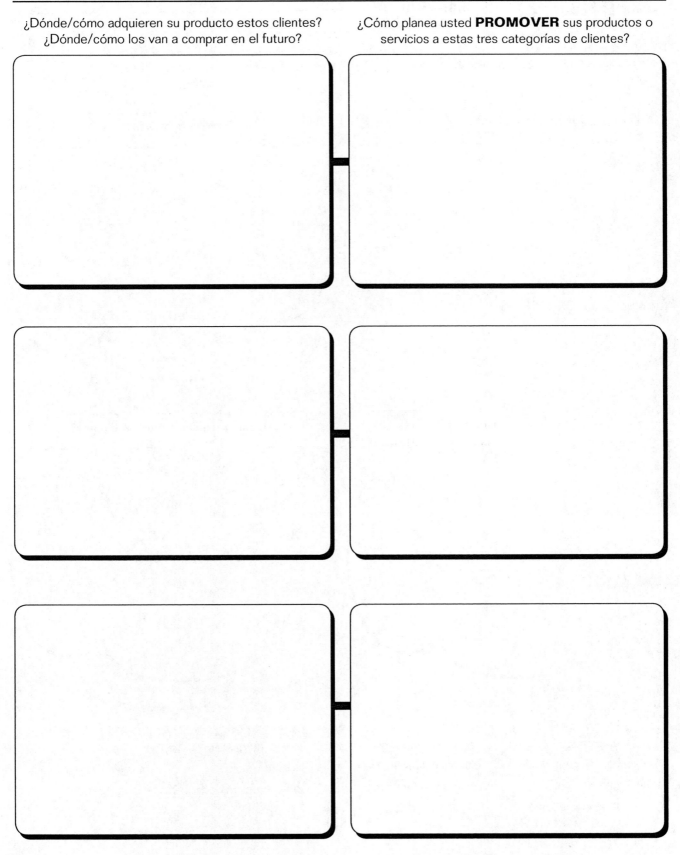

Lluvia de ideas
EJERCICIO

¿Qué funciona en su compañía?

Es igual de importante saber lo que funciona en su compañía, como lo que no funciona. Le recomendamos que use la lista de palabras clave, al pie de la página, para averiguar si está usted estancado. (Sólo para compañías establecidas).

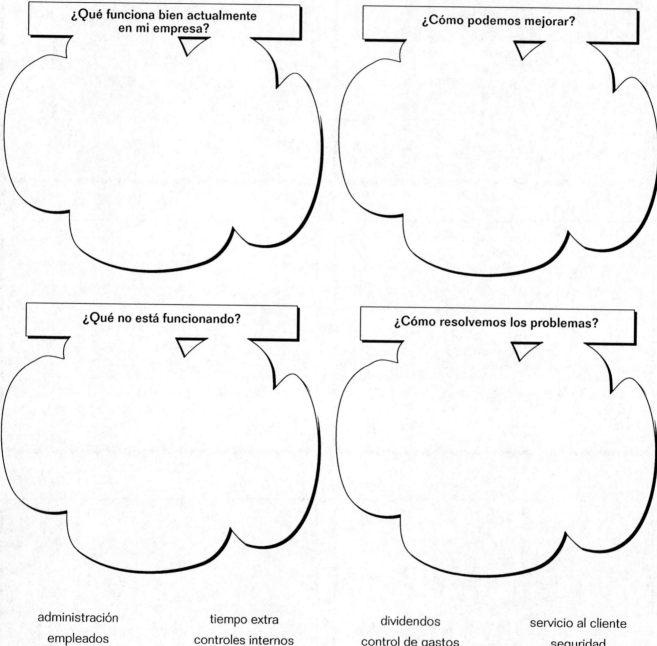

¿Qué funciona bien actualmente en mi empresa?

¿Cómo podemos mejorar?

¿Qué no está funcionando?

¿Cómo resolvemos los problemas?

administración	tiempo extra	dividendos	servicio al cliente
empleados	controles internos	control de gastos	seguridad
prácticas de negocios	calidad del producto	comunicación	margen de ganancias
instalaciones	capacidad de fabricación	administración de inventario	moral
prestaciones a los empleados	flexibilidad		

Análisis de aspectos críticos

☞ Elija tres aspectos críticos que están limitando el crecimiento, rentabilidad o eficacia de su compañía. Este ejercicio le ayuda a diferenciar entre los síntomas y las causas raíz, de manera que pueda usted con más claridad saber lo que tiene que hacer para tener un cambio permanente y efectivo. (Sólo para empresas establecidas).

Lista de tres aspectos o síntomas:	¿Cuál es la causa raíz de esto?	¿Qué hay que cambiar?	¿Cómo se van a medir los resultados?
EJEMPLO ¡Los pedidos atrasados son demasiados!	No hay pronóstico de ventas, y la capacidad es escasa	Desarrollar un pronóstico de ventas mensual y expandir el empaquetado	Estudiar las salidas cada semana vs. la salida planeada; monitorear los pedidos de devolución todos los días

Ejercicio de
ENFOQUE

¿Cómo llegamos ahí?

¿Qué ha hecho que su compañía sea exitosa o ha limitado su crecimiento a la fecha? ¿De qué manera construirá el éxito y vencerá las limitaciones actuales para cumplir su visión?

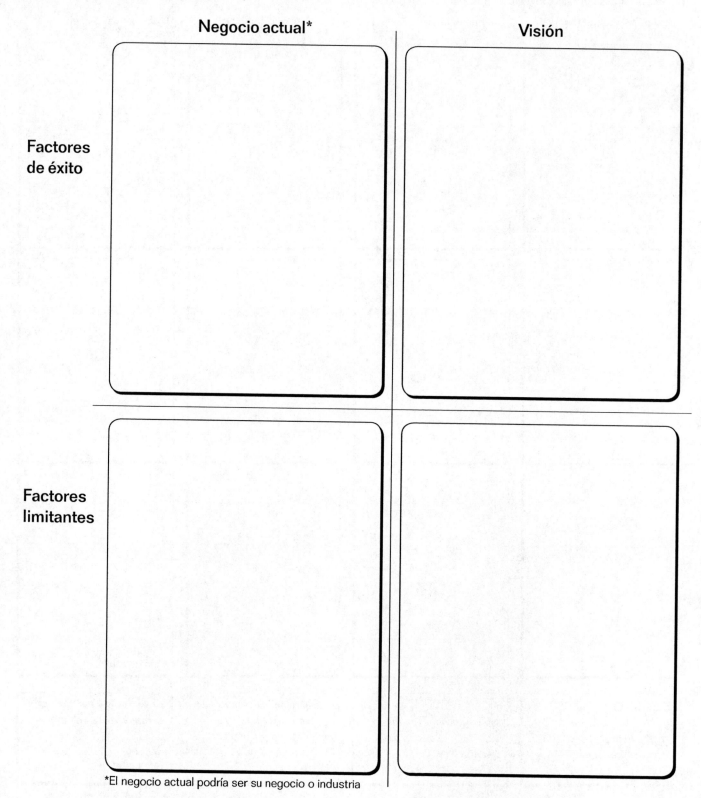

Negocio actual*

Visión

Factores de éxito

Factores limitantes

*El negocio actual podría ser su negocio o industria

Cómo crear estrategias significativas

Del ejercicio de enfoque de la página anterior, elija cinco áreas que sean críticas para la construcción de su compañía. Esboce una declaración de estrategia para cada una de los siguientes.

1

2

3

4

5

¿Estas estrategias describen: Cómo se va a construir y administrar el negocio?
                                     Cómo vamos a aprovechar las oportunidades del mercado?
                                     Cómo vamos a resolver los problemas críticos del negocio?

Ejemplos de Estrategias

¡Lo que funciona!		¡Lo que no funciona!	
Posicionar la compañía para una adquisición estratégica en 2016; construir marcas, identidad, equipo de administración y ganancias.	Establece la dirección con una imagen general y estrategia de salida.	Ganar dinero, limitar inversión en negocio y empleados, pensar en el retiro a los 65 años.	Todo está mal con esta estrategia.
Vender soluciones totales, no tiempo ni partes.	Vende valor, sin tiempo. Permite márgenes mucho más altos.	Empleados: contratar con los salarios más bajos posibles, desempeñar nosotros mismos las funciones importantes.	Los buenos empleados valen su peso en oro.
Empleados: contratar a los mejores, tenerlos antes de necesitarlos, retenerlos a través de la satisfacción en el trabajo y equidad en la participación.	Siempre se necesita gente buena. Tiene una estrategia de personal.	Cliente ideal: cualquiera que compre nuestros productos y servicios.	Es imposible ser todo para todos. Especialícese.
Control de gastos y crecimiento: auto-capitalización/compañía financiera bancaria; alcanzar planes de ventas y ganancias.	Construye una compañía fuerte con buenos controles internos.	Producto: lo que esté de moda este año, lo vendemos.	Los seguidores rara vez tienen el volumen o el margen que tienen los líderes. Invierta en Investigación y Desarrollo.
Enfoque en la capacitación a través de la web y productos de comunicación con entrega vía Internet, CD-ROM.	Serie de productos definidos. Clara y comprensible.	Aumentar precios para mantener los márgenes.	Puede funcionar en el corto plazo. Los competidores encontrarán la forma de hacerlo mejor por menos.
Metas altas con un proyecto de tamaño mínimo de $300,000.00.	Marca los límites mínimos.	Tamaño del proyecto: todos los proyectos.	No todos los clientes o proyectos son redituables. Refiera a sus competidores los proyectos de margen bajo.

resumir

👆 Use este resumen para depurar sus estrategias escribiéndolas en el espacio. Confirme que cada estrategia tenga estas características: fácil de entender, constante con el paso del tiempo, la usan los líderes del mercado y da como resultado crecimiento y rentabilidad.

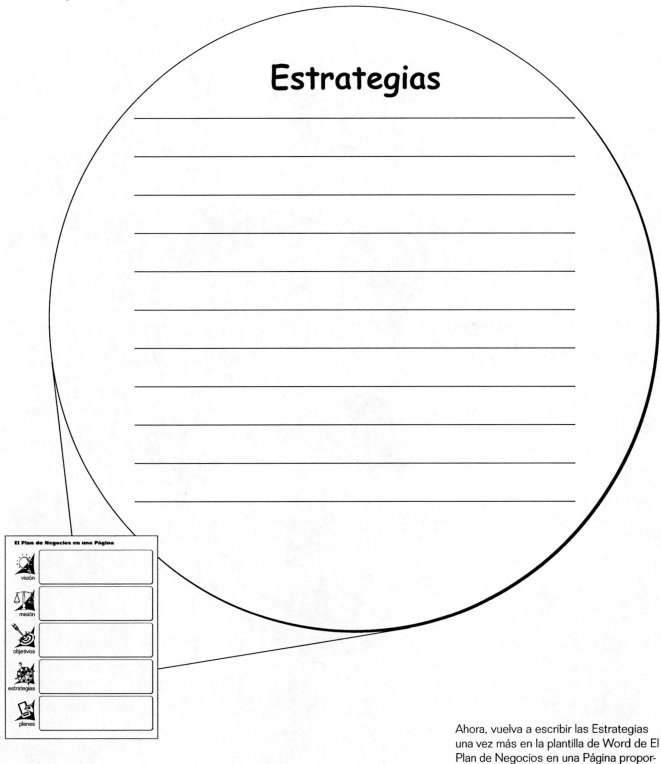

Estrategias

Ahora, vuelva a escribir las Estrategias una vez más en la plantilla de Word de El Plan de Negocios en una Página proporcionada en el CD al trasero de este libro.

Estrategia

Vender servicios para el control de pestes y el cuidado de los árboles a los clientes actuales que se dedican al mantenimiento a jardines.

Las estrategias, los objetivos y los planes se interrelacionan:

Objetivos

Aumento total de los ingresos de 8.5 millones a 10 millones en el año fiscal de 2016.

Agregue por lo menos 500 cuentas nuevas al mes para el 3/31, 650 al mes para el 8/31.

Aumente los ingresos por técnico a $12,500 mensuales.

Planes

Lanzamiento de la campaña Libre de Insectos el 15 de abril.

Capacitar a 25 técnicos en el uso seguro de pesticidas para el 15 de febrero, y un recordatorio para el 15 de marzo.

Lanzamiento del servicio de otoño para el Cuidado de árboles para el primero de octubre.

Los Planes

¿Qué acciones específicas implementará el negocio para alcanzar estas metas?

"No basta con hablar de ello... ¡debemos decir cómo y por qué!"

—Inc. Magazine Marzo de 1995, comentario sobre la planeación del negocio

Los planes son las acciones específicas que el negocio debe implementar para lograr los objetivos. Los aspectos del plan o de acción deben ser importantes, significativos y contribuir al crecimiento de su negocio. Cada aspecto de plan o de acción es, en realidad, un proyecto.

Lo ideal es que cada declaración de plan se relacione directamente con un objetivo y una estrategia. Los planes deben estar orientados a la acción, describir las tareas específicas y tener fechas límite. Si su negocio tiene empleados, contratistas independientes o utiliza recursos externos para completar las tareas, la declaración del plan ideal identificará quién es el responsable de desempeñar cada función.

La mayoría de los dueños de negocio o propietarios prospecto tiene una lista de cosas por hacer excesivamente larga. Luchan no con lo que se tiene que hacer, sino con cómo hacerlo. El Plan de Negocios en una Página® está diseñado para mantenerle a usted y a su negocio enfocados en las tareas del negocio importantes, aunque no necesariamente urgentes. Steven Covey en *First Things First,* habla de lo fácil que es enfocarse en las tareas más importantes cada día y no llegar nunca a las cosas que realmente harán crecer el negocio. Al tener bien definida la lista de acciones para construir el negocio y delegar apropiadamente, es posible cumplir las tareas que habrán de construir su negocio.

Los ejercicios de esta sección están diseñados para guiarle en desarrollar y ordenar por prioridades sus planes de acción, y en relacionar esas tareas con estrategias u objetivos específicos. Los ejercicios sugieren que usted haga cálculos del impacto financiero u operativo de cada uno de estos proyectos y determinar por anticipado cómo medirá los resultados. Este proceso ofrece un armazón objetivo para seleccionar los proyectos que brindan el mayor beneficio o utilidad, y un método para post-auditar los resultados.

Al preparar los planes, calcule el costo y el esquema de tiempo para cada proyecto. Transfiera esta información a las hojas de trabajo de su presupuesto, calcule el impacto de su lista de cosas por hacer en su flujo de caja. Yo aprendí que si uno no sabe cuánto van a costar los proyectos, es muy probable que no cuente con suficiente efectivo para financiarlos. Un proyecto sin efectivo es como un auto sin combustible: no va a llegar muy lejos.

Haga sus planes con cuidado. Llévelos a cabo a tiempo, dentro del presupuesto y con excelencia. Mida su impacto en forma regular.

Lluvia de ideas
EJERCICIO

Planeando el Trabajo...

Haga una lista de seis proyectos que marcarán una gran diferencia en su negocio. Enlácelos con un objetivo o estrategia y luego responda las tres preguntas para cada proyecto.

Estrategia u objetivo:
_____
_____

Proyecto 1:
_____
_____

Estrategia u objetivo:
_____
_____

Proyecto 2:
_____
_____

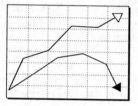

1. ¿Qué impacto tendrá terminar el proyecto?

2. ¿Cómo va a medir los resultados?

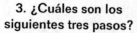

3. ¿Cuáles son los siguientes tres pasos?

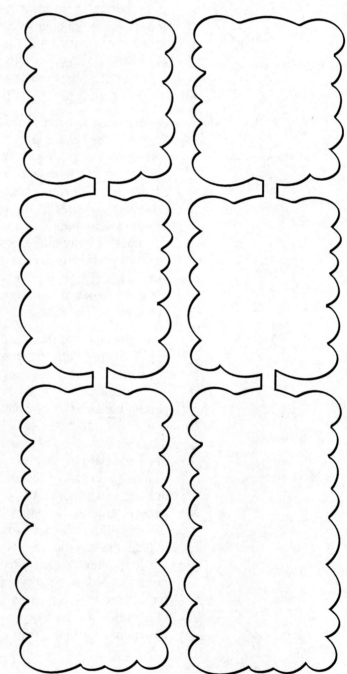

Proyectos para construir negocios

Estrategia u objetivo:

_____

_____

Proyecto 3:

_____

_____

Estrategia u objetivo:

_____

_____

Proyecto 4:

_____

_____

Estrategia u objetivo:

_____

_____

Proyecto 5:

_____

_____

Estrategia u objetivo:

_____

_____

Proyecto 6:

_____

_____

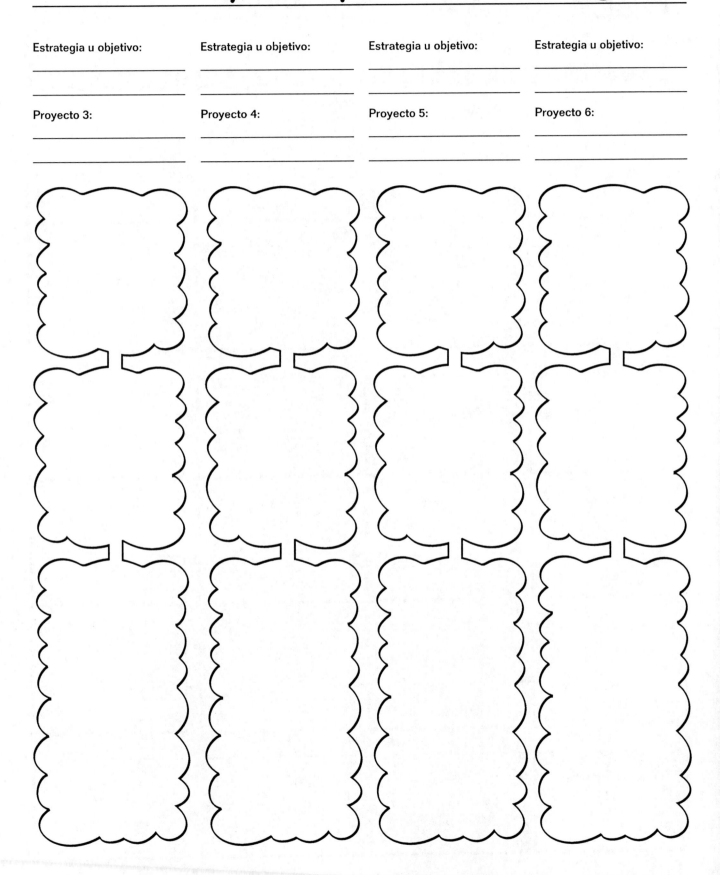

Cómo integrar los objetivos, las estrategias y los planes

Elija cinco proyectos de las dos páginas anteriores y termine el diagrama siguiente.

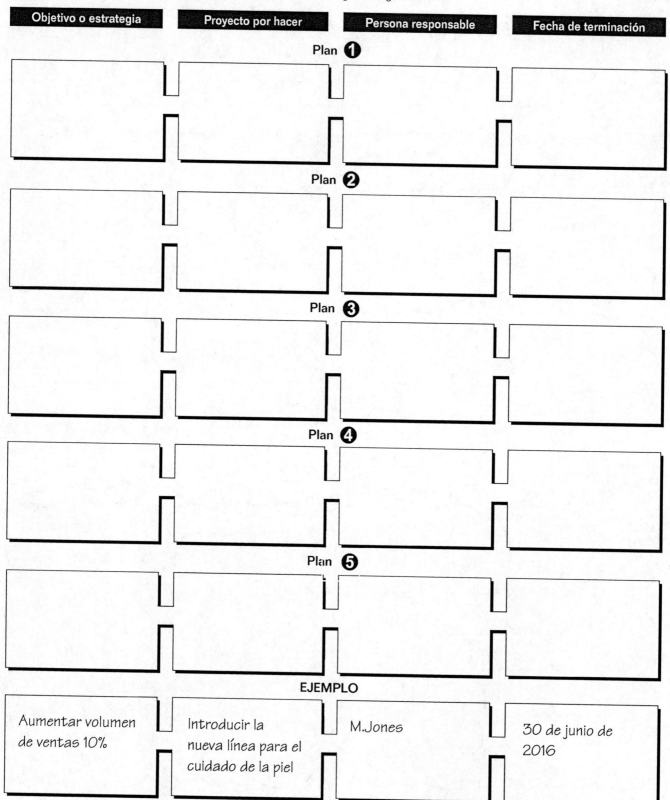

Objetivo o estrategia	Proyecto por hacer	Persona responsable	Fecha de terminación
Plan ❶			
Plan ❷			
Plan ❸			
Plan ❹			
Plan ❺			
EJEMPLO			
Aumentar volumen de ventas 10%	Introducir la nueva línea para el cuidado de la piel	M. Jones	30 de junio de 2016

Cómo elaborar planes significativos

↳ Ahora, vuelva a escribir los planes de la página anterior, expresándolos en oraciones o frases y combinando sus respuestas de las cuatro columnas.

①

②

③

④

⑤

ejemplo:

Terminar la nueva línea para el cuidado de la piel y tenerla lista para la convención del 6 de septiembre; M. Jones, Líder del equipo del proyecto.

Ejemplos de Planes

¡Lo que funciona!		¡Lo que no funciona!	
Asistir a la exposición comercial de Nueva York en junio; a la de Los Ángeles en septiembre, y la de Chicago en octubre.	Identifica una actividad específica con las fechas.	Escribir revisiones anuales de los empleados para R. Smith y B. Jones para el 28 de febrero.	Actividad importante, pero no una tarea que construye el negocio.
Terminar la Fase III del diseño de redes para el 31 de julio. Utilizar Berkley Software, Inc. para una revisión trimestral.	Establece el trabajo que se va a hacer, con la fecha en que debe terminarse; identifica al vendedor.	Terminar los trabajos financieros de febrero para el 15 de marzo.	Actividad de rutina; no es una actividad estratégica de negocio.
		Implementar nuevas prácticas de negocio.	No es específico; ni hay fechas ni responsabilidad.
Equipo de emulsión para el cuidado completo de la piel durante el lanzamiento de junio.	Declaración concisa de esquema de tiempo.		
Contratar a un agente de ventas foráneo para el territorio de Sacramento en el último trimestre.	Especifica la posición; un poco de libertad en la terminación.	Contratar aproximadamente a seis empleados nuevos.	Todas las nuevas contrataciones deben identificarse por puesto y fecha aproximada de contrato.
R. Smith para terminar la concesión para la actualización del acceso para discapacitados, el 28 de febrero.	Responsabilidad clara.	Desarrollar comités para la procuración de fondos.	¿Cuándo? ¿Quién es responsable?
Volver a hacer los folletos de mercadotecnia para el seminario fiscal en el 2o. trimestre. Bob Jones, director del equipo.	Específico respecto a la responsabilidad.	Aumentar todos los precios durante este año.	No es específico; debe identificar productos específicos. El aumento de porcentaje debe ir de acuerdo con las estimaciones de presupuestos.
Mudarnos a la nueva instalación de Pleasanton, el 15 de octubre.	Declaración simple; permite a los demás planificar en forma correspondiente.		

Use este resumen para depurar sus planes escribiéndolos en el espacio.

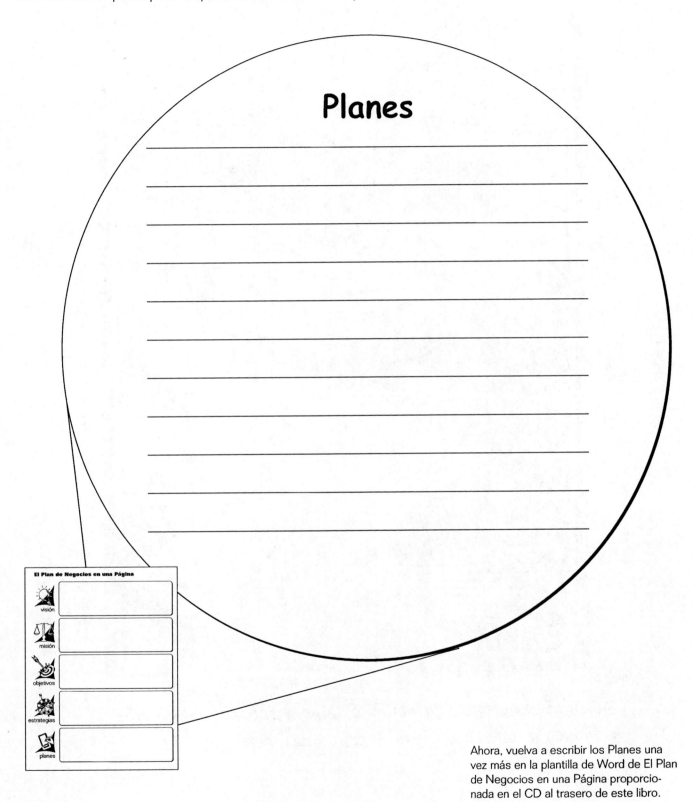

Planes

_____

_____

_____

_____

_____

_____

_____

_____

_____

El Plan de Negocios en una Página

visión

misión

objetivos

estrategias

planes

Ahora, vuelva a escribir los Planes una vez más en la plantilla de Word de El Plan de Negocios en una Página proporcionada en el CD al trasero de este libro.

"*Aquél que elige el principio de un camino, elige el lugar a donde le lleva. Son los medios los que determinan el fin*".

— Harry Emerson Fosdick

¡Ya lo hizo! ¡Felicidades! Ahora su plan está por escrito. Ahora tiene una mayor sensación de logro, ¡siga adelante y celébrelo! Fue un trabajo duro; tener su plan, en sus propias palabras, en una sola página es una poderosa herramienta de trabajo.

En este momento ya debe tener un borrador final de su Plan de Negocios en una Página® en el procesador de textos. ¡Revíselo! ¿Cómo lo ve? Si usted es como la mayoría de las personas, algunas partes del plan deben sentirse como apretadas y quizás otras requieran un poco de trabajo. Eso es normal y está bien. Como ya debe saber ahora, este proceso es repetitivo; use la lista de la siguiente página para hacer algunos de los cambios menores que sean necesarios y estará listo para empezar a mostrar su plan completo. Este trabajo es sólo para refinarlo, no se trata de volver a escribirlo a estas alturas.

Lista de depuración

Ahora que ya tiene su plan en un borrador final, es tiempo de ponerlo a trabajar.

Usted definió y organizó sus ideas en un plan de negocios conciso.

Revisión global

- ¿Las palabras clave y las frases cortas describen la esencia de su plan?

- ¿Siente que su visión es grande, se expande y causa emoción?

- ¿Su declaración de misión es poderosa?

- ¿Sus objetivos son específicos y mensurables?

- ¿Sus estrategias establecen la manera como va a construir y administrar su negocio con el tiempo?

- ¿Sus planes están orientados a la acción y van a lograr los objetivos de este año?

Pedido y abreviatura

(Revisar objetivos, estrategias y declaración el plan en una línea)

- Eliminar todas las palabras y frases innecesarias.

- Abreviar palabras cuando sea necesario.

- Usar "k" o "m" para los miles, y "M" para los millones.

- Transmitir la importancia y prioridad de los objetivos, estrategias y planes colocando los más importantes primero en cada sección.

Consideraciones creativas

(Especialmente con un esquema de las declaraciones de visión y de misión)

- Dividir oraciones en varias líneas.

- Centrar el texto.

- Usar balazos para destacar los puntos.

- Dejar doble espacio para acentuar.

- Destacar las frases clave en cursivas.

Ejercicios de fortalecimiento

- Esbozar y revisar la visión, la misión y la estrategia hasta que sean declaraciones permanentes que resuenen con usted, con sus socios, su equipo administrativo y sus empleados clave.

- Depurar las declaraciones de objetivos y de plan hasta que sean muy específicas y mensurables, y definir la responsabilidad de manera clara.

- Dejar fuera los aspectos de menor prioridad; recuerde "menos puede dar más."

- Pedir comentarios a otras personas.

Ponga el plan en acción

Poner el plan en acción es el paso más importante porque las acciones rinden los resultados que usted quería cuando comenzó este proceso. Para casi todos los empresarios, esto es fácil. Usted es una persona orientada a la acción y no puede esperar a empezar. Ahora es el momento de poner el plan a trabajar. A continuación presentamos, resumidas, algunas pautas y sugerencias para usar el plan:

Úselo para pedir financiamiento al banco

Casi todos los ejecutivos de banco que han revisado El Plan de Negocios en una Página® lo han considerado una herramienta excelente para entender tanto el negocio como los planes. No siempre logra que se autorice un préstamo y no cumple todos los pasos del proceso de financiamiento, pero es un excelente comienzo. Compartir el plan con el banquero le proporcionará una retroalimentación muy útil y le ganará mejores relaciones con él.

Analice el plan con los inversionistas

El Plan de Negocios en una Página® terminado es una herramienta extraordinaria para enfocar las charlas con los inversionistas actuales o potenciales. El plan muestra lo que usted pretende hacer y cómo lo logrará. Combinado con su entusiasmo y compromiso, el plan será una ayuda importante para conseguir inversionistas y mantenerlos contentos.

Convertir el plan en presupuesto

Poner el plan en acción por lo general requiere cuantificar los planes y objetivos y poner los recursos en su lugar para apoyar esa implementación. Éste es el proceso de elaboración del presupuesto. Para muchos de mis clientes, esto significa seguir el proceso de Presupuesto de Primera Vez. ¡Que no le dé miedo! Los presupuestos ayudan a definir los recursos que necesitamos, y proporcionan las medidas que nos permiten saber que estamos en el camino. Si necesita ayuda para preparar los presupuestos, búsquela, se trata de una parte importante de su camino al éxito.

Manejo de la implementación

La planeación es un primer paso muy importante hacia el éxito, pero no el último. Implementar el plan y hacerlo trabajar es el siguiente paso vital. Son muchas las empresas que fallan más debido a que no implementan que por cualquier otra razón. Administrar la implementación es el proceso de usar metas, planes, medidas y otras herramientas que ya hemos definido y asegurarse de que las acciones que se lleven a cabo estén en línea con los planes, objetivos y estrategias definidas. Todos deben hacerse responsables de cumplir sus metas. Las revisiones frecuentes y el monitoreo continuo de los resultados le ayudarán a avanzar hacia los objetivos definidos. No implementar el plan es algo que no se puede aceptar y que debe tratarse de inmediato.

Presentación externa

- Plan de negocios completo para empresas pequeñas y medianas.
- Vehículo para poner a prueba las ideas de negocios con la junta de directores, los socios, el banco y los empleados.
- Delinear el concepto para un plan de negocios para un préstamo o financiamiento para un capital de riesgo para la administración de una empresa pequeña.
- Resumir el plan existente.

Inspiración y motivación

- Herramienta para volver al camino si se ha perdido la visión.
- Planificación de la carrera

Investigación y desarrollo

- Lugar para resumir las ideas para una nueva división o un negocio nuevo
- Un breve esbozo y descripción de la idea para productos o servicios nuevos
- Proceso para planificar proyectos importantes

Guía de proceso interno

- Plan de negocios completo para empresas pequeñas y medianas
- Plan de negocios para subsidiarias o divisiones de corporativos grandes
- Herramienta de planeación departamental o funcional (ventas, mercadotecnia, finanzas, etc.)
- Punto de partida de planeación estratégica para CEOs de compañías grandes
- Metodología para actualizar rápidamente el plan anual para cambios importantes de medio año
- Resume el plan actual

Mantenga el plan consigo

Actualícelo con ideas nuevas

Compártalo con personas en las que confía y cuyas opiniones respeta

Mida su progreso en el último trimestre

Prepare un presupuesto de acuerdo con el plan

Haga una copia para todos

Pida que lo peguen en la pared de la oficina de cada quién. Los planes deben comunicarse y estar bien entendidos para ayudar a impulsar las decisiones y acciones necesarias que llevarán al éxito. Ciertamente, todos los gerentes y empleados deben tener una copia del plan, y otros con los que querrá usted compartirlo podrían ser sus asesores, banqueros, contadores, proveedores, clientes importantes y miembros clave de la comunidad. Compártalo con todo aquel que pueda ayudar a que su negocio crezca. Recuerde que las comunidades apoyan a los empresarios, pero también deben conocerlo primero a usted para brindarle ese apoyo.

Revise el plan durante las reuniones de equipo y de la compañía

Haga que la energía circule por su plan. Ponerlo en práctica significa prestarle atención, así que no lo deje dormirse en sus laureles. El Plan de Negocios en una Página® es un documento en funcionamiento que trabajará para usted si continuamente lo usa para recordar a su equipo y a sus empleados hacia dónde se dirigen y cómo llegar ahí.

Úselo como una herramienta para tomar decisiones

Los gerentes toman decisiones sobre la marcha todos los días, y el Plan de Negocios en una Página® es una guía que deben usar para tomarlas. ¿La acción propuesta apoya el rumbo hacia el que se dirige la empresa? ¿Cómo se toman las decisiones a ese respecto basados en el plan? Las estrategias, objetivos y planes son guías muy claras sobre dónde deben usarse los recursos y cuáles deben ser las prioridades. La visión y la misión son guías más generalizadas que ayudan a determinar la dirección general y los valores y principios que aplican. El plan, como un todo, es documento principal para la toma de decisiones que debe revisarse cuando se estén tomando decisiones de negocios.

Los planes útiles generan decisiones y acciones y hacen que todo el mundo trabaje hacia las mismas metas. Las decisiones y acciones que ayudan a implementar el plan son positivas y apoyan el éxito de la compañía. Las decisiones y acciones que van en distinta dirección reducen significativamente el éxito probable del negocio. Hacemos planes con el fin de enfocar nuestros actos y decisiones para alcanzar los resultados deseados. Palabras que resumen el proceso del Plan de Negocios en una Página® son:

Enfoque → Acción → Resultados

El plan proporciona el enfoque y luego lo implementamos a través de acciones guiadas por ese plan. Las acciones del plan conducen a los resultados. Cuando haya dudas en este punto, lo recomendable es actuar y, en ocasiones, intentar varias acciones y vigilar los resultados pronto y con cuidado, para luego decidir sobre el mejor curso de acción para continuar.

Ejemplos de El Plan de Negocios en una Página®

A medida que va modificando el plan con el paso del tiempo, consulte las siguientes páginas de ejemplos de planes para tener ideas y depurar el contenido o diseño del suyo.

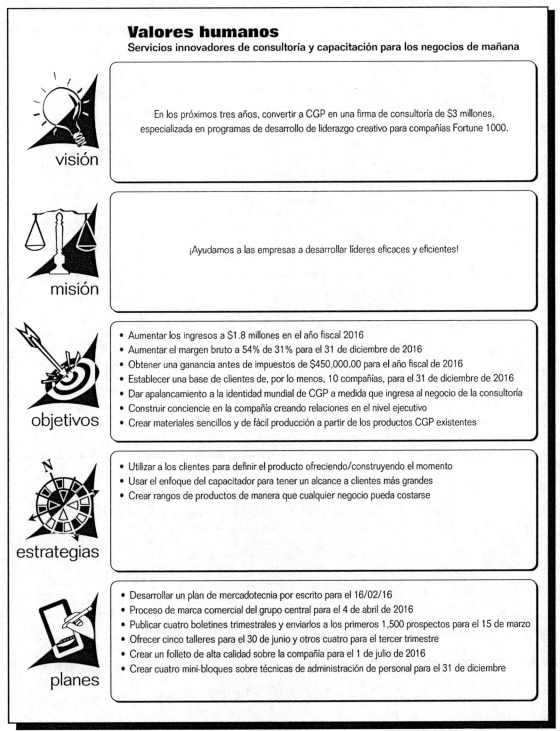

Valores humanos
Servicios innovadores de consultoría y capacitación para los negocios de mañana

visión

En los próximos tres años, convertir a CGP en una firma de consultoría de $3 millones, especializada en programas de desarrollo de liderazgo creativo para compañías Fortune 1000.

misión

¡Ayudamos a las empresas a desarrollar líderes eficaces y eficientes!

objetivos

- Aumentar los ingresos a $1.8 millones en el año fiscal 2016
- Aumentar el margen bruto a 54% de 31% para el 31 de diciembre de 2016
- Obtener una ganancia antes de impuestos de $450,000.00 para el año fiscal de 2016
- Establecer una base de clientes de, por lo menos, 10 compañías, para el 31 de diciembre de 2016
- Dar apalancamiento a la identidad mundial de CGP a medida que ingresa al negocio de la consultoría
- Construir conciencie en la compañía creando relaciones en el nivel ejecutivo
- Crear materiales sencillos y de fácil producción a partir de los productos CGP existentes

estrategias

- Utilizar a los clientes para definir el producto ofreciendo/construyendo el momento
- Usar el enfoque del capacitador para tener un alcance a clientes más grandes
- Crear rangos de productos de manera que cualquier negocio pueda costarse

planes

- Desarrollar un plan de mercadotecnia por escrito para el 16/02/16
- Proceso de marca comercial del grupo central para el 4 de abril de 2016
- Publicar cuatro boletines trimestrales y enviarlos a los primeros 1,500 prospectos para el 15 de marzo
- Ofrecer cinco talleres para el 30 de junio y otros cuatro para el tercer trimestre
- Crear un folleto de alta calidad sobre la compañía para el 1 de julio de 2016
- Crear cuatro mini-bloques sobre técnicas de administración de personal para el 31 de diciembre

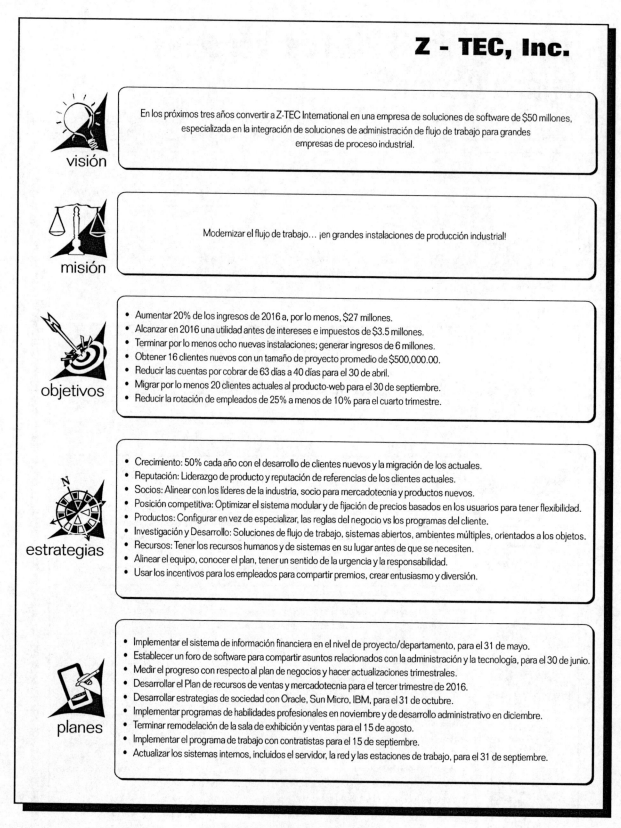

Z - TEC, Inc.

visión

En los próximos tres años convertir a Z-TEC International en una empresa de soluciones de software de $50 millones, especializada en la integración de soluciones de administración de flujo de trabajo para grandes empresas de proceso industrial.

misión

Modernizar el flujo de trabajo... ¡en grandes instalaciones de producción industrial!

objetivos

- Aumentar 20% de los ingresos de 2016 a, por lo menos, $27 millones.
- Alcanzar en 2016 una utilidad antes de intereses e impuestos de $3.5 millones.
- Terminar por lo menos ocho nuevas instalaciones; generar ingresos de 6 millones.
- Obtener 16 clientes nuevos con un tamaño de proyecto promedio de $500,000.00.
- Reducir las cuentas por cobrar de 63 días a 40 días para el 30 de abril.
- Migrar por lo menos 20 clientes actuales al producto-web para el 30 de septiembre.
- Reducir la rotación de empleados de 25% a menos de 10% para el cuarto trimestre.

estrategias

- Crecimiento: 50% cada año con el desarrollo de clientes nuevos y la migración de los actuales.
- Reputación: Liderazgo de producto y reputación de referencias de los clientes actuales.
- Socios: Alinear con los líderes de la industria, socio para mercadotecnia y productos nuevos.
- Posición competitiva: Optimizar el sistema modular y de fijación de precios basados en los usuarios para tener flexibilidad.
- Productos: Configurar en vez de especializar, las reglas del negocio vs los programas del cliente.
- Investigación y Desarrollo: Soluciones de flujo de trabajo, sistemas abiertos, ambientes múltiples, orientados a los objetos.
- Recursos: Tener los recursos humanos y de sistemas en su lugar antes de que se necesiten.
- Alinear el equipo, conocer el plan, tener un sentido de la urgencia y la responsabilidad.
- Usar los incentivos para los empleados para compartir premios, crear entusiasmo y diversión.

planes

- Implementar el sistema de información financiera en el nivel de proyecto/departamento, para el 31 de mayo.
- Establecer un foro de software para compartir asuntos relacionados con la administración y la tecnología, para el 30 de junio.
- Medir el progreso con respecto al plan de negocios y hacer actualizaciones trimestrales.
- Desarrollar el Plan de recursos de ventas y mercadotecnia para el tercer trimestre de 2016.
- Desarrollar estrategias de sociedad con Oracle, Sun Micro, IBM, para el 31 de octubre.
- Implementar programas de habilidades profesionales en noviembre y de desarrollo administrativo en diciembre.
- Terminar remodelación de la sala de exhibición y ventas para el 15 de agosto.
- Implementar el programa de trabajo con contratistas para el 15 de septiembre.
- Actualizar los sistemas internos, incluidos el servidor, la red y las estaciones de trabajo, para el 31 de septiembre.

Una compañía de alta tecnología

All-Right Engineering, Inc.

VISIÓN:

Desarrollar una solución económica viable para el problema de error de memoria de la impresora 6782.

MISIÓN:

Reducir la incidencia de los mensajes de error fatal de la impresora.

OBJETIVOS:

Lograr .0000032 por mil errores de memoria por el ciclo de prueba promedio, para el 1 de septiembre de 2016.
Mantener el costo de actualización en $1.53 por unidad embarcada.
Operar dentro del presupuesto de $356,000.00

ESTRATEGIAS:

Usar tres equipos de ingenieros, más dos de asesores externos.
Concentrarse en fijar el diseño actual en vez de reemplazarlo con otro.
Sostener una reunión de progreso mensual para revisar los avances con respecto al plan y al presupuesto.
Contratar asesores externos como una base necesaria para las nuevas tecnologías láser.

PLANES:

Establecer equipos para el 1 de marzo.
Identificar y calificar a dos asesores externos para el 1 de marzo; finalizar contratos para esa misma fecha.
Completar la evaluación de problemas para el 31 de mayo.
Proponer una solución de ingeniería para el 30 de junio.
Terminar los prototipos para el 31 de julio.
Terminar los ensayos de producto para el 30 de agosto.
Documentar las características del producto para el 30 de septiembre.
Terminar la instalación del equipo de producción modificado para el 30 de noviembre.

Una firma de investigación y desarrollo

Synergen Associates, Inc.

Proceso de desarrollo del equipo de administración

Visión

Dentro de los próximos 12 meses, evolucionar el equipo administrativo actual hacia una fuerza vital de crecimiento que:

- Alimenta el crecimiento de la compañía mediante la observación y el ser parte de una visión más grande.
- Aprovecha su propia energía y éxitos: aprende de sus fallas/deficiencias.
- Expande la capacidad de contribuir con la administración global de la compañía.
- Desarrolla un espíritu de grupo que da apoyo al individuo, el equipo, y la empresa.
- Diseña el estilo/cultura del trabajo que es adaptable/flexible para moverse rápido y cubrir las necesidades de los clientes

Misión

Construir un equipo administrativo que dé creación al negocio.

Objetivos

- Mejorar la calidad de la toma de decisiones (habrá de determinarse la medida).
- Reducir la cantidad de tiempo necesaria para lograr la identificación de la administración en los proyectos clave.
- Reducir el tiempo promedio de las reuniones administrativas de 25 a 12 horas al mes.
- Reducir la semana laboral promedio para la administración de 60 a 45 horas.
- Aumentar el radio de promoción interna de 5% a 25%.
- Reducir el volumen de negocios de la administración de 20% a 5% al año.

Estrategias

- Desarrollar el equipo de administración con el tiempo; no buscar los fijos inmediatos pero temporales.
- Motivar el crecimiento/participación: no presionar al equipo a crecer más rápido de lo que se puede.
- Transferir las habilidades del presidente al personal administrativo; brindar la instrucción y capacitación que se necesite.
- Permitir pequeños errores, aprender de todas las equivocaciones, y celebrar los éxitos.
- Minimizar la jactancia respecto al proceso; permitir que el equipo responda a los cambios sutiles y positivos.

Planes

- Implementar los procesos de planificación y presupuesto del negocio, comenzando el 2 de noviembre.
- Diseñar e implementar el sistema de información financiera en el Nivel 2, para el 31 de enero.
- Implementar sesiones de revisión de negocios mensuales, comenzando el 24 de febrero.
- Utilizar al Grupo de Consultoría CGC para facilitar el desarrollo trimestral de reuniones, comenzando el 15 de marzo.
- Implementar un nuevo programa de capacitación para los gerentes y directivos en junio, y el de los supervisores nuevos en agosto.
- Terminar el desarrollo del módulo de capacitación basado en la web para los empleados nuevos para el 1 de marzo.

Desarrollo administrativo

Bay Area Entrepreneur Association...
¡La Asociación para el Éxito del Auto-empleo!

VISIÓN

Convertir a BAEA en un organización micro-empresa reconocida a escala nacional con una red extensa en el área de la Bahía de San Francisco de grupos de apoyo empresarial que ofrecen productos, programas y servicios de reconocimiento nacional para los empresarios, dueños de pequeños negocios y organizaciones asociadas.

MISIÓN

La misión de Bay Area Entrepreneur Association es ejercer un impacto positivo en la comunidad mediante la creación de negocios viables y líderes empresariales exitosos a través de redes, soporte y conexión a recursos.

OBJECTIVOS

- Aumentar los ingresos totales de $125,000 a $350,000 en el año fiscal de 2016.
- Aumentar la membresía de 500 a 750 para el 31 de diciembre.
- Lanzar cuatro redes para el 30 de junio, y seis redes adicionales para el 31 de diciembre.
- Generar $35,000 a partir de programas empresariales, eventos y productos en el año fiscal 2016.
- Llevar a cabo 24 talleres/programas para generar $18,000 en ganancias brutas.
- Llevar a cabo cuatro programas de conexión corporativa con 400 asistentes; generar $8,000 en ganancias.
- Aumentar las membresías de bajos ingresos/minorías de 50 a 100 para el 30 de septiembre.
- Conceder 10 becas por un total de $10,000 para el año fiscal de 2016.

ESTRATEGIAS

- Usar las relaciones públicas y los medios para compartir éxitos, educar, reclutar y financiar a BAEA.
- Comercializar y vender los productos y servicios respaldados por BAEA en nivel nacional.
- Colaborar con organizaciones de microempresas nacionales en los programas de financiamiento y conciencia nacional.
- Establecer el centro de BAEA para crear una presencia comunitaria de largo plazo y una base de activos financieros.
- Atraer/retener a los empresarios de bajos ingresos ofreciendo becas financiadas por patrocinadores corporativos.
- Utilizar programas culturales/de varios idiomas para atraer empresarios minoritarios.
- Integrar los productos y programas exitosos de BAEA para vender a otras organizaciones de micro-empresas.
- Usar tecnología para manejar el crecimiento, las operaciones de modernización, programas de entrega y venta de productos.

PLANES

- Terminar el plan de financiamiento para el 15 de marzo. Aumentar a $100,000 para el 30 de junio.
- Contratar al director ejecutivo para el 15 de mayo.
- Expandir el consejo de directores de cinco a nueve para el 31 de agosto.
- Desarrollar el plan de mercadotecnia de productos y servicios de BAEA para el 15 de septiembre.
- Desarrollar el plan de dos años de expansión de la red para el 31 de octubre.
- Lanzar el plan de ventas/mercadotecnia del Plan de Negocios en una Página para el 15 de noviembre.
- Recopilar/escribir 20 historias de éxito para el primero de agosto. Implementar el plan de relaciones públicas para el 1° de noviembre.

Una asociación sin fines de lucro

California Knits
Plan de negocios

Visión

California Knits es una empresa creativa y dinámica que ofrece:
- ropa vibrante, única y cómoda como arte para las mujeres.
- capacidades de diseño especializadas para clientes individuales.
- capacitación y apoyo de próxima generación para artistas en máquinas de tejido.

Misión

Dar color, luz y belleza revitalizantesa ropa cómoda de fibras naturales.

Objectivos

- Ingresos de $150,000 para 2016.
- Alcanzar un margen de ganancias de 50% reteniendo un 18% el trabajo de producción.
- Aumentar las existencias en tienda activa a 20, un aumento de 30% para 2016.
- Contratación de servicios externos del 50% de la producción para el cuarto trimestre.
- Agregar tres nuevos diseños: dos listos para usarse; uno coleccionable.
- Asistir por lo menos a seis exhibiciones comerciales/tronco en 2016; lograr ventas de $40,000.

Estrategias

- Producir prendas calidad de galería para atraer consumidores de alta tecnología, galerías y coleccionistas.
- Diseñar productos con varios niveles de precios; atraer la atención con prendas calidad de galería.
- Construir relaciones de red y profesionales dentro de la industria de las prendas y la moda.
- Contratar líneas externas listas para usarse, reservar tiempo personal para crear prendas únicas.
- Desarrollar equipo profesional para la producción y operación del negocio.
- Cultivar relaciones con clientes selectos para referencias y shows.
- Explorar el camino a la industria del entretenimiento para clientes especiales y personales.

Planes

- Desarrollar presupuesto y planes para las necesidades de capital para el negocio en abril de 2016.
- Terminar dos diseños listos para usarse para la exhibición de Aspen en abril.
- Contactar seis revistas de modas (lista incluida): presentar portafolio para publicación.
- Someter 10 solicitudes (lista incluida) para ferias artesanales de mayoreo y menudeo (febrero de 2016).
- Asistir a tres shows troncales: Nueva York en junio; Santa Fe en agosto; Carmel en octubre.
- Seguir enviando prendas a galerías de consignación cuando sea conveniente.
- Terminar el re-diseño de stands de exhibición para las ferias, para el 15 de marzo.
- Contratar aprendices para la producción interna, mantenimiento y trabajo de oficina (febrero de 2016).

Una compañía de fabricación especializada

Phoenix Electronic Controls, Inc. – Plan de negocios

VISIÓN

Convertir a Phoenix Electronic Controls, Inc., en la principal empresa de control de procesos industriales en el sudoeste mediante la expansión de su rol de compañía representante de manufactura en una empresa representante con valor agregado que ofrece una ingeniería completa, servicio de campo y servicios de integración de ingeniería.

MISIÓN

La misión de PEC es ayudar a sus clientes a controlar sus procesos y ofrecer una mercadotecnia, ventas y servicio eficaces, así como un buen canal de distribución para sus fabricantes.

OBJECTIVOS

Hacer crecer el negocio 20% y lograr ingresos totales de ventas de $8 millones en 2016.

Asegurar por lo menos $500,000 en contratos de bonos municipales para el segundo trimestre.

Aterrizar por lo menos ocho proyectos de sistemas en un mínimo de $100,000 cada uno en 2016.

Aumentar un margen bruto de 14.8% a 15.5%.

Lograr una ganancia neta de $300,000 y un incremento de 50% sobre el año pasado.

Aumentar las ventas por empleado de $500,000 a $600,000.

Reducir las cuentas por cobrar de 58 a 40 días para el 30 de junio.

ESTRATEGIAS

Vender soluciones totales, no en partes.

Construir capacidad de servicios con valor agregado: ingeniería, servicio, servicios de integración de ingeniería.

Expandir el mercado geográficamente a Nevada y Colorado.

Enfocar agresivamente a los fabricantes con procesamiento de mercado y gran escala.

Aumentar los márgenes vendiendo partes y servicios en lotes; convertir al soporte al cliente un centro de ganancias.

Aumentar la eficacia de la fuerza de ventas externa mediante el fortalecimiento de la función de soporte de ventas.

Controlar gastos y crecimiento, auto-financiamiento/banco, alcanzar los planes de ventas y ganancias.

Desarrollar un equipo de administración auto-dirigido y controlado.

Compartir el crecimiento y la prosperidad con los empleados a través de incentivos y participación equitativa.

PLANES

Terminar presupuestos y planes de negocios para 2016.

Escribir plan de negocios para contrato de bonos municipales en Tucson, para el primer trimestre.

Desarrollar un programa de mercadotecnia para ventas de sistemas mayores para el primer trimestre de 2016.

Organizar y proveer de personal los territorios de ventas; reducir los descuentos de 5% a 4% para enero de 2016.

Gerente de soporte de alta tecnología y gerente de grupo de servicio en el primer trimestre.

Comprar la compañía de Colorado o desarrollar un plan de expansión con recursos internos, primer trimestre.

Desarrollar programas computarizados de incentivos para soporte de ventas y empleados clave, primer trimestre.

Desarrollar dos seminarios de usuarios para clientes clave, para abril y septiembre.

Una compañía de distribución y representante de manufactura

Custom Business Interiors
Plan de negocios de 2016

Visión

Construir una empresa de muebles exitosa que se especialice en ofrecer mobiliario a precios competitivos con servicio superior a compañías con 10 a 50 empleados.

Misión

Ofrecer a las empresas en crecimiento una fuente de compra de todo el mobiliario y equipo de oficina, a partir de un profesional experimentado que sabe crear arreglos de oficina atractivos, funcionales, flexibles y accesibles en términos de costo.

Objectivos

- Generar ventas de $500,000 y ganancias de $100,000 en 2016.
- Aumentar el margen bruto de 28% a 35%.
- Incrementar el # de pedidos del nivel de $10,000 al 50% del negocio.
- Llevar a cabo 15 talleres de "eficiencia en el espacio de trabajo" para los pequeños negocios.
- Limitar el tiempo del trabajo personal a 40 horas; contratar asistente en febrero.

Estrategias

- Construir la reputación de proveedores de un servicio excelente.
- Enfocarnos en las compañías en crecimiento de los condados de Contra Costa, Alameda y Solano.
- Enfocar el mercado en instituciones financieras y compañías de seguros y computación.
- Mantener la ventaja de precios competitivos manteniendo bajos los costos operativos.
- Vender vía catálogos sin invertir en salas de exhibición ni inventarios.

Planes

- Terminar el folleto de mercadotecnia y enviarlo por mail a los clientes actuales para el 31 de enero.
- Terminar la investigación sobre dos nuevos proveedores para junio; anunciar en agosto.
- Añadir un software de diseño, para PC, en mayo; anunciar en agosto.
- Rediseñar la base de datos de ACT! para abril, a fin de simplificar el proceso de correo directo.
- Notificar por red para el 15 de enero, tomando en cuenta los planes de contratación de un asistente.

Una compañía de servicio/producto negocio a negocio

E Management Book

VISIÓN

Convertirnos en autores, editores y empresarios conocidos
a escala nacional así como dueños de negocio independientes.

~

- Dar consultoría principalmente en el área de la bahía de San Francisco; aproximadamente 30% de mi tiempo.
- Crear productos (libros, cintas, CD's) para el mercado empresarial (25%).
- Dar numerosas conferencias a escala regional, en pos de construir un reconocimiento nacional.

MISIÓN

Simplificar el negocio de los negocios
para los empresarios

~

Crear herramientas de negocio profesionales
para empresarios que construyen negocios sólidos

OBJECTIVOS

Terminar el libro de E Management para el 27 de junio; imprimir 500 copias en julio.
Publicar artículo en la Inc. Magazine para el 31 de diciembre de 2016; generar 50 consultas.
Vender 2,000 libros en 2016.
Primer cliente de Fortune 1000 en 2016, generando ingresos por consultoría de $50,000.
Un compromiso de conferencia en convención nacional en 2016, y seis en 2017.
Tener 10 practicantes de E Management registrados/certificados para el 31 de diciembre de 2016.
Terminar la audio cinta de E Management para el 31 de agosto de 2016; ventas anuales de $50,000.
Terminar el libro de negocios de innovación con R. Miller para el 31 de diciembre de 2016; ventas anuales del primer año: $25,000.

ESTRATEGIAS

Colaborar para terminar; no puedo hacerlo solo… ¡tratar de hacer las cosas lo más sencillas posibles!
Usar los contactos de red/personales para crear oportunidades para hablar, hacer análisis y publicar artículos.
Auto-publicar para empezar, sondear la posible comercialización, buscar un editor nacional.
Seguir transformando los procesos de consultoría en productos; los productos en programas.
Crear productos y programas para que los vendan quienes dan servicio al mercado empresarial.
Buscar respaldos/aprobaciones/introducciones/citas de autores notables, CEOs, SBA.
Construir la identidad de marca y corporativa.
Estrategia de salida: vender a un editor mayor o una compañía de capacitación en negocios en cinco a siete años.

PLANES

Desarrollar el plan de mercadotecnia y publicidad para el 31 de julio.
Desarrollar el programa de practicantes de E Management para el 31 de julio.
Contratar con Audio Design Productions para la producción de audiocintas para abril de 2016.
Presentar artículos a Inc. Entrepreneur, Home Base Business para publicar en diciembre.
Terminar el envío por mail a 250 sociedades comerciales para obtener compromisos de conferencias para octubre de 2016.
Programar cuatro reuniones con R. Miller para terminar el segundo libro; 15 y 30 de septiembre y 15 y 31 de octubre.

Un plan de negocios para un producto

The One Page 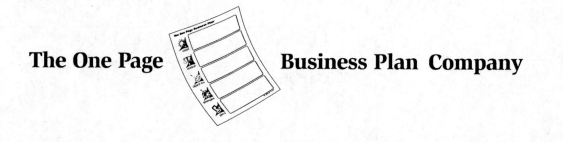 Business Plan Company

Si usted quisiera información adicional de productos
o servicios, por favor póngase en contacto con
La Compañía del Plan de Negocios en una Página:

The One Page Business Plan Company
1798 Fifth Street
Berkeley, CA 94710

Teléfono:
(510) 705-8400

Fax:
(510) 705-8403

jhoran@onepagebusinessplan.com
www.onepagebusinessplan.com

La Compañía del Plan de Negocios en una Página

Talleres y Clases por Televisión

El Plan de Negocios en una Página® es disponible para su compañía o organización como un taller, una retirada anual, una clase por televisión o un programa de planificación completo. Facilitadores con experiencia harán la presentación a la medida de sus necesidades.

Todos los programas son sesiones de trabajo práctico diseñados para enseñarles a los participantes como escribir un plan de negocios claro, conciso, y comprensible, en sólo una página, en la manera más rápido y más simple.

Software por Planificación de Empresas

Este sistema innovador une el Plan de Negocios en una Página con un Cuadro de Mando Ejecutivo y un Sistema Simplificado de Localización de Proyectos que se puede usar en todos los tipos de empresas, sean microempresas de servicios profesionales o corporaciones internacionales.

El sistema no requiere soporte técnico y se puede aprenderlo en 30 minutos. ¿Tiene interés? El Sistema de Planificación y Rendimiento en Una Página rápidamente se convierte en el sistema de planificación alternativo para los jefes ejecutivos y los dueños de negocios.

Certificación Profesional

Tenemos interés en colaborar con consultores y directores técnicos de negocios, del gobierno o de empresas sin ánimo de lucro. Si su firma proporciona planificación estratégica y/o servicios consultorios de gestión de rendimiento, el Plan de Negocios en una Página puede ser una agregación rentable a su juego de herramientas.

Consultores y directores técnicos que cumplen los programas de formación y certificación con éxito tendrán licencia para comercializar y repartir los productos y servicios de la Compañía del Plan de Negocios en una Página.

The One Page Business Plan
Company
1798 Fifth Street
Berkeley, CA 94710
Teléfono: (510) 705-8400
Fax: (510) 705-8403
jhoran@onepagebusinessplan.com
www.onepagebusinessplan.com

El Juego de Herramientas
Como Instalar y Usar el CD

Instrucciones de Instalación:
Simplemente cargar el CD a la unidad de CD/ROM. Requiere Microsoft Word® y Excel® para usar las plantillas, formas y hojas de trabajo. Se abre el Directorio con un doble-clica. Seleccionar el documento de Word® o la hoja del trabajo de Excel® deseado.

PRECAUCIÓN:
Inmediatamente después de abrir cualquier de los archivos, les recomendamos guardar el archivo con un nombre nuevo usando el mandato de "GUARDAR COMO" para preservar el contenido original del archivo.

No Hay Soporte Técnico
Este CD se proporciona sin soporte informático o técnico. Favor de consultar a los manuales del usuario de Microsoft Word® o Excel® con cuestiones relacionadas al uso de estos programas.

Requisitos del Sistema:
Windows 95/98/NT/2000/XP/Vista
Macintosh OS 9.1 o más alto
Microsoft Word® y Excel®
Unidad de CD/ROM